AF356825

HISTOIRE

DES

COMMENTATEURS

DE

LA COUTUME

DU DUCHÉ

DE BOURGOGNE.

Par M^r. Bouhier, Préſident à Mortier
honoraire au Parlement de Dijon,
& de l'Académie Françoiſe.

A DIJON,

Chez Arnauld Jean-Baptiste Augé, ſeul
Imprimeur du Roi, & du Parlement.

M. DCCXLII.

AVEC PRIVILEGE DU ROI.

HISTOIRE

DES COMMENTATEURS DE LA COUTUME
du Duché de Bourgogne.

PIERRE BONFE'AL, JEAN THIERRY, & CELSE-HUGUES DESCOUSU.

LES plus anciennes Obfervations, que nous ayons fur notre Coutume, parurent en 1516. imprimées à Lyon, chez Pierre Ballet, fous ce Titre : *Les Couftumes de Bourgongne, &c. avec les Poftilles de Droit Ecrit, interprétant lefdites Couftumes, par Me. Hugues Defcoufu, Docteur ès Droits ;* & elles furent réimprimées à Genève, en 1632. avec le Commentaire de Job Bouvot fur la même Coutume.

On n'y trouve aucune Préface de Defcoufu ; mais feulement une courte Epitre dédicatoire de Jean Thierry de Langres, adreffée à Hugues Fournier, Premier Préfident au Parlement de Dijon, auquel il donna par erreur le nom de Jean, par laquelle il paroît, que ce fut ce Jean Thierry, qui ayant en fon cabinet une copie manufcrite de ces Obfervations, jugea à propos de les rendre publiques.

Mais rien n'eft plus mince, que cet Ouvrage, auquel le nom de *Poftilles,* ou *Apoftilles,* que lui donna l'Editeur, ne convenoit pas mal. Car ce ne font prefque, que des renvois à quelques endroits des anciens Docteurs Ultramontains, alors fort à la mode, où ils ont traité diverfes queftions, qui peuvent fervir à l'interprétation de nos Loix municipales. C'étoit en ce tems-là très-peu de chofe. Ainfi l'on peut juger du peu de cas, qu'on en doit faire en celui-ci.

Cependant Barthelemi de Chaffeneuz, qui avoit déja achevé fon Commentaire fur la même Coutume, & qui étoit prêt à le mettre fous la preffe, vit avec chagrin paroître ce petit Ouvrage. Il protefta que c'étoit un larçin, qu'on lui avoit fait. (a) Non qu'il fe prétendît l'Auteur de toutes les Obfervations, qui y étoient contenuës ; quoiqu'il les appellât toujours, *Confuetudines meas antiquas.* Car il avoüa de bonne foi, que le premier, qui y eût travaillé, étoit Pierre Bonféal. Mais il foûtint, que le refte étoit fon ouvrage, & le premier fruit de fes études, dans le tems, qu'il étudioit en l'Univerfité de Dole. Ce qui lui donna lieu de traiter Defcoufu, & Thierry de plagiaires, & de s'emporter fur tout exceffivement contre ce dernier.

Ce que je remarquerai en la Vie de Chaffeneuz, ne permet pas de douter, que fa plainte ne fût bien fondée. Cependant on peut dire, pour la juftification de Defcoufu, qu'il n'y a aucune aparence, qu'il fe foit atribué ce petit Commentaire. Non feulement il n'y a point mis de Préface de fa façon ; mais l'Ouvrage paroit tout-à-fait indigne de lui. D'ailleurs dans tous fes autres Livres, où il fe cite continuellement, il ne parle jamais de celui-ci. Et enfin, bien loin de réfuter dans fes Ouvrages poftérieurs le reproche de Chaffeneuz, il ne le nomme jamais qu'avec éloge, (b) & même avec une entiére déférence pour fes fentimens. Il y a donc lieu de croire, que fi fon nom fut mis à la tête de ce petit Commentaire, ce fut fans fa participation. Et cela eft d'autant plus vraifemblable, qu'en 1516. il étoit déja en Efpagne, comme on le verra ci-après.

A l'égard de Jean Thierry, ce fut lui aparemment, qui fit imprimer ce Livre fous le nom de Defcoufu ; foit que ceux, dont il en tenoit le Manufcrit, le lui euffent dit ainfi, foit qu'il eût quelqu'autre raifon, pour l'en croire Auteur. Du refte, quoiqu'en ait voulu dire Chaffeneuz, on ne peut guére douter, que Thierry n'y ait fait quelques additions. Outre ces termes de fa Préface : *volui hafce Confuetudines ultimâ limâ adornare,* Chaffeneuz convient lui-même quelque part, (c) que dans ce petit Commentaire il y a des citations d'Auteurs, & d'Arrêts, qui ne font ni de lui, ni de Bonféal, & qui par conféquent ne peuvent être, que de Thierry.

Il faut donc tenir pour conftant, que ce petit Ouvrage a d'abord été commencé par Bonféal ; qu'il a été fort augmenté par Chaffeneuz dans fa premiére jeuneffe ; que Thierry y a fait quelques légéres additions ; & que Defcoufu n'y a eu aucune part.

Cependant, puifque ce dernier a été regardé jufqu'à préfent, comme l'un des Commentateurs de notre Coutume, je ne laifferai pas de dire ici ce que je fçais de fa vie, auffi bien que de celle de Bonféal, & de Thierry. Pour celle de Chaffeneuz, elle fera la matiére d'un article féparé.

PIERRE BONFE'AL, Seigneur de Solon, Barges, Fénay, Chevigny, Couchey, Quincey, & Echigey, avoit étudié en Droit fous Anfelme de Marenches, (d) qui profeffoit à Dole, fi je ne me trompe. Après avoir exercé la Profeffion d'Avocat avec réputation, dans la Ville de Dijon fa patrie, il fut choifi par Philippes le Bon, Duc de Bourgogne, pour être Confeiller en fes Confeils, & en fes Parlemens, & Maître des Requêtes de fon Hôtel. Il étoit revêtu de tous ces Emplois en 1461. lorfqu'il époufa Nicole de Salives. En 1470. il exerçoit auffi la Charge de Lieutenant du Gouverneur de la Chancellerie de Bourgogne. En 1475. le Duc Charles le fit fon Avocat en fes Parlemens de Beaune, & de S. Laurent ; & après la mort de ce Prince, le Roi Loüis XI. ayant réuni la Bourgogne à fa Couronne, conferva à Pierre Bonféal la qualité d'Avocat Général au Parlement, qu'il établit à Dijon. En 1482. il lui donna encore la Charge de Maître des Requêtes de fon Hôtel, qu'il exerça fans quiter celle d'Avocat Général. Je tiens ces faits de Pierre Palliot en fon Hiftoire du même Parlement, (e) où il ne marque pas le tems de la mort de Bonféal. Mais il nous aprend un peu après, (f) qu'elle arriva en 1493.

Il ne nous dit rien des Ouvrages de Bonféal. Mais nous venons de voir, qu'il eft le premier, qui ait laiffé quelques Remarques fur notre Coutume. A la vérité, il y a aparence, qu'il ne les avoit pas compofées pour les donner au Public. Suivant la méthode de beaucoup de perfonnes ftudieufes, à mefure qu'il lifoit quelque chofe, qui pouvoit fervir à expliquer quelque Article de cette Coutume, il l'inféroit fous

---

(a) V. ce qui en eft dit en la Vie de Chaffeneuz.

(b) Defcoufu, *Confil.* 1. n. 14. & ailleurs très-fouvent dans le même volume de fes Confeils.

(c) En fa Coutume, *Rubr.* 9. §. 2. *in verbo :* Par quelque laps de tems, n. 4. & *in verbo :* Quelque part que ce foit, n. 24. tout à la fin.

(d) V. Chaffeneuz, *fur lad. Coutume, Rubr.* 7. §. 10. Gl. 1. n. 51.

(e) Palliot, *Hift. du Parl. de Bourgogne,* p. 331.

(f) Le même, *ibid.* p. 334.

cet Article , ſans aucun ordre. Ainſi ce n'étoient que des matériaux informes, qui étant depuis tombez entre les mains de Chaſſeneuz, encore jeune Ecolier , furent par lui augmentez ſur le même plan.

Outre cet Ouvrage, Chaſſeneuz, qui l'apelle *magnum Advocatum*, (a) nous a encore conſervé un de ſes Conſeils, qui prouve qu'il eût été capable de bien commenter notre Coutume, s'il eût voulu en prendre la peine.

Il laiſſa grand nombre d'enfans ; ſçavoir, Jean Bonféal, Chanoine à la Sainte Chapelle de Dijon, Hugues, Avocat du Roi au Bailliage de la même Ville , Antoine, Guillaume, Etienne, Catherine, Jeanne, Chreſtienne, & Héléne Bonféal. Il en eſt fait mention dans un Arrêt de ce Parlement, prononcé aux Arrêts généraux du 15. Mars 1504. Je ne crois néanmoins pas, qu'il reſte aujourd'hui perſonne de ce nom.

A l'égard de JEAN THIERRY, j'ai peu de choſe à en dire. Il étoit de la Ville de Langres, comme il le témoigne lui-même. Mais je ne ſçais, ni le tems de ſa naiſſance, ni celui de ſa mort. Il ſemble qu'il avoit fait ſes études de Droit à Turin ſous Thomas Parpalea, qui y enſeignoit à la fin du quinziéme ſiécle , & au commencement du ſeiziéme. Je le conjecture de la ſorte, ſur ce que dans ſes Additions au petit Commentaire ſur notre Coutume , dont je viens de parler, il cite de ce Profeſſeur une Répétition, (b) qui n'avoit point encore paru, ſur certaine Loi.

Quoiqu'il en ſoit, en 1516. lorſqu'il donna au Public ce Commentaire, il prenoit la qualité de Profeſſeur en Droit en l'Univerſité de Valence. Chaſſeneuz ſoutient à la vérité, (c) ſur les propres paroles de Thierry, qu'il n'y étoit alors, que ſimple Ecolier. Mais ces termes : *Profeſſor Jurium* , & *ex Paleſtrâ noſtrâ Valentinâ* , font voir, qu'il s'eſt trompé. Dans le petit Traité , *De Fugâ*, de Thierry, il eſt auſſi qualifié *Juris utriuſque Doctor*.

Du reſte ce Traité ne donne pas une grande idée de ſon ſçavoir, non plus que tous les autres Ouvrages, qu'il a laiſſez. Je n'en connois d'imprimez outre celui, dont je viens de parler, que les ſuivans.

Des Additions, ou Remarques ſur les Commentaires du Cardinal Zabarella , ſur les Décrétales. D'autres pareilles ſur le Dictionnaire de Droit de Jean Bertachin. De ſemblables ſur les *Quæſtiones aureæ Petri de Bella-pertica*. Et d'autres encore , ſur les Commentaires de Guy Pape, ſur diverſes Loix, & ſur les Traitez particuliers du même Auteur, qui furent imprimez la première fois à Lyon en 1517. & encore à Francfort en 1576. De plus j'ai les Commentaires d'Alhericus à Roſate ſur tout le corps de Droit , imprimé à Lyon , chez Jacques Mareſchal, en 1517. en 8. vol. in fol. avec des Apoſtilles de Jean Thierry, qui dédia cette édition au Chancelier Du Prat, avec huit vers élégiques à ſa loüange à la ſuite de l'Epitre. Mais je ſoupçonne, que ces Apoſtilles, qu'il s'eſt apropriées, apartenoient plûtôt à Deſcouſu, comme je le dirai en la Vie de ce dernier. On verra auſſi dans celle de M. de Chaſſeneuz , que ſuivant un de ſes contemporains, on lui avoit l'obligation de cette édition.

Il prit ſoin auſſi de revoir quelques nouvelles éditions de divers Livres de Juriſprudence ; entr'autres celle des Oeuvres de Cæpola, fol. à Lyon, 1517. des *Singularia variorum Doctorum* , 4º. à Lyon,

1531. & de quelques autres.

Cela me fait ſoupçonner, que cet Auteur ne travailloit guére , que pour vivre. C'eſt d'ailleurs l'idée naturelle, que font naitre ces paroles de ſa Préface ſur le Commentaire atribué à Deſcouſu, par leſquelles il explique les raiſons, qui l'ont engagé à le publier : *Crebris amicorum aculeis contuſus , neceſſitatequé compulſus , ſcui nemo , niſi ſtultus , repugnat*. Mais c'eſt trop s'arrêter ſur un ſujet, qui n'en vaut pas la peine.

CELSE - HUGUES DESCOUSU a mieux mérité, qu'on recherchât les circonſtances de ſa vie.

Il naquit à Châlon ſur Sône. L'année de ſa naiſſance n'eſt marquée nulle part. Mais on verra dans la ſuite, qu'il étoit à peu près de l'âge de Barthelemi de Chaſſeneuz, que je crois né en 1480. comme on le verra en ſa vie. Je ne ſçais rien de ſa famille, ſinon qu'en la Chambre des Comptes de Dijon (d) il y a des Lettres de Légitimation, accordées par le Duc Philippes en 1459. à un Huguenin Deſcouſu, fils naturel de Philibert Deſcouſu de Châlon. Dans l'Hiſtoire de Châlon intitulée , *L'illuſtre Orbandale*, Tom. 1. pag. 191. il eſt encore fait mention d'un autre Huguenin Deſcouſu, qui étoit un des Echevins de cette Ville en 1528. Celſe-Hugues Deſcouſu pouvoit être fils du premier, & frere du ſecond. Sa mere s'apelloit Gendret, comme il paroit par l'Epitre dédicatoire de ſes Additions aux Apoſtilles de Dynus , ſur l'infortiat , imprimées en 1513. qu'il adreſſa à Loüis Gendret ſon oncle maternel.

Quoiqu'il en ſoit, il fut de bonne heure deſtiné aux Lettres, & envoyé à Paris, (e) où il fit ſa Philoſophie. Le P. Jacob en ſon Traité , *De Scriptoribus Cabilonenſibus* , (f) dit qu'il fut enſuite étudier en l'Univerſité de Bourges. Comme il n'indique pas , où il a pris la preuve de ce fait, j'aime mieux m'en tenir à ce que dit Deſcouſu lui-même, qu'il avoit étudié la Juriſprudence en l'Univerſité de Turin (g) ſous Claude de Seyſſel, & en celle de Pavie (h) ſous Jaſon, ſous Lancelot, & Philippes Decius , & ſous François, & Roch de Curte.

Ce furent auſſi les Maitres de Barthelemi de Chaſſeneuz, ainſi qu'on le verra dans ſa Vie ; & c'eſt pour cela, que Deſcouſu l'apelle ſouvent, (i) *compatriotam & commilitonem meum*. Ce qui prouve, qu'ils étoient camarades d'étude. Et comme Chaſſeneuz ſe vante d'avoir reçu en Italie le bonnet de Docteur à 22. ans, Deſcouſu ſe pique pareillement (k) d'avoir eu le même avantage.

L'on ſera peut-être ſurpris à ce ſujet, que Chaſſeneuz n'ait pas fait mention de lui, dans un endroit de ſes Ouvrages, (l) où il fait l'énumération de tous ſes camarades, qui furent reçus Docteurs à pareil âge , & entr'autres de Jean de Monthelon, que Deſcouſu apelle auſſi (m) *commilitonem meum*. Mais il faut ſe ſouvenir de la colère, qu'avoit cauſée à Chaſſeneuz l'édition de ſon petit Commentaire ſur la Coutume , imprimé ſous le nom de Deſcouſu. Car, quoique ce dernier n'y eût pas donné lieu , ſa longue abſence hors du Royaume, dont il ſera parlé ci-après, l'empêcha ſans doute de s'en juſtifier , & de regagner l'eſtime, & l'amitié de Chaſſeneuz.

Si l'on en croit Bernard Durand, (n) ſçavant Avocat, Chalonnois, pendant que Deſcouſu étoit en Italie, il exerça la Charge d'Aſſeſſeur du Podeſtat de Milan.

Etant retourné en France , il obtint la chaire de

(a) Chaſſeneuz , *Ibid. Rubr. 7. §. 10. in princ. n. 7. & ſequ.*

(b) Deſcouſu , *ſur lad. Coutume , Rubr. 9. §. 2.*

(c) Chaſſeneuz , *ibid. in verb. Quelque part que ce ſoit , n. 24. in fin*

(d) Inventaire de la Tour d'en bas, en liaſſe des légitimations du Bailliage de Châlon , c. 1.

(e) Il le dit au commencement de ſon Conſeil 84.

(f) *Pag. 37.*

(g) *Conſil. 22 n. 32.*

(h) *Conſil. . n. 3. Conſil. 7. n. 3. Conſil. 8. n. 4. Conſil. 22. n. 25. Conſil. 38. n. 16. & alibi paſſim.*

(i) *Conſil. 1. n. 14. & alibi ſæpe.*

(k) *Conſil. 118. in princ.*

(l) *Catalog. Glor. mund. Part. 10. Conſil. 30.*

(m) *Conſil. 48. n. 16.*

(n) Durand, *en ſa défenſe de la Préſéance de Châlon ſur Saone , p. 45.*

Professeur en Droit Canon à Montpellier, où il régenta quelque tems. C'est un fait, qu'il nous aprend lui-même dans l'Epitre dédicatoire de ses Apostilles sur le *Stylus Parlamenti*, qu'il adressa en 1513. à Nicolas Boyer, alors Conseiller au Grand Conseil, & depuis Président au Parlement de Bordeaux. Je trouve de plus ce fait confirmé dans une autre pareille Epitre, que ce Magistrat mit au devant du Commentaire de Jacques Rebuffi sur une partie du Code, qui fut imprimée la même année à Lyon, avec les Additions de Descousu. On ne sera peut-être pas fâché de voir, comment il est parlé de lui dans cet endroit.

Diffutus, novo amicitiæ vinculo junctus, qui illam (Lecturam) adamussim castigatam, suisque Apostillis illustratam, meo dicabat nomini, quòd me, ex Montepessulano ortum, dum ibi publica stipe mereret, noverat, &c.

On voit par là qu'en 1513. Descousu ne régentoit plus à Montpellier; & comme par un autre Ouvrage, qu'il avoit fait imprimer en 1510. à Paris, il paroit, qu'il n'étoit encore alors, que Licentié en Droit, il y a aparence, qu'il ne résida à Montpellier, en qualité de Professeur, que pendant les années 1511. & 1512. & que ce fut sur la fin de 1510. qu'il avoit été recevoir le bonnet de Docteur en Italie.

Quoiqu'il en soit, il se vantoit dans l'un de ses Conseils, (a) d'avoir composé, tant avant son Doctorat, que depuis, plusieurs Ouvrages de Jurisprudence, & des Additions sur presque tous les Interprètes du Droit Civil & Canonique. Voici ses termes: *Ante, & post Doctoratum, quem sum in Italia, natus annos duo & vigimi, adsecutus, plura opera scripsi (præter Additiones ad omnes fermè Cæsarei, & Pontificii Juris Doctores) quæ per Chalcographos disseminans, feci me cunctis fermè Juris Legumque peritis famâ nobilem.*

Pour rendre en quelque maniére plus excusable la bonne opinion, qu'il sembloit vouloir donner de lui-même en ce passage, il est bon de remarquer, qu'il écrivoit cela en Espagne, où il étoit peu connu, & où par conséquent son interêt demandoit, qu'il cherchât à se faire valoir. Du reste il étoit très-vrai, qu'avant que de quiter la France, il avoit déja fait plusieurs Ouvrages, qui supposoient, sinon un sçavoir exquis, du moins une prodigieuse lecture, & un travail immense. Comme la plûpart sont aujourd'hui tombez dans l'oubli, & qu'étant imprimez en Lettres Gothiques, ils sont proscrits de presque tous les Cabinets, je ne me flate pas de les avoir découverts tous. Voici seulement ceux, qui sont venus à ma connoissance.

Infortiatum, cum Præfatione Celsi-Hugonis Diffuti, Cavilloni, Celtæ, in utroque Jure Licentiati. 4º. *Parisiis, apud Joan. Parvum Joan. Bonhomme, & Thielman. Kerver.* 1510. On trouve à la fin de la Préface un Distique Latin de la façon de Descousu, & six vers à la fin du Volume.

Stylus Parlamenti, Arrestorum, Processuum, Ordinationum &c. cum Apostillis Celsi-Hugonis Diffuti. 4º. *Lugduni, apud Sim. Vincent,* 1513. Cet Ouvrage est acompagné d'une Epitre Dédicatoire de Descousu à Nicolas Boyer, d'une Préface, & de six Distiques Latins.

Baldi de Perusio, & Lanfranci de Oriano, Brixiensis, Practicæ Juris, cum Apostillis Celsi-Hugonis Diffuti. 8º. *Lugduni, apud Vincentios,* 1513. Au devant de ce Recueïl, il y a une Epitre dédicatoire de Descousu à Rolet Guichot, Docteur en Droit. Cette édition fut peu après suivie d'une seconde imprimée à Paris chez Jean Petit, en 1521. in 4º.

Gulielmi de Cuneo Commentarii super Codice, cum Apostillis, & Indice, per Celsum-Hugonem Diffutum. Fol. *Lugduni, apud Simon. Vincent* 1513. Nicolas Boyer marque dans sa Requête, pour l'obtention du Privilège, qui est au devant de ce Livre, qu'il

l'a fait corriger, & apostiller par un solemnel Docteur en tous droits, nommé Celsus-Hugo Diffutus. En effet, c'étoit ce sçavant Magistrat, qui lui avoit fourni le manuscrit de ces Commentaires, comme on le verra en l'Article suivant.

Dyni Mugellani Apostillæ super Infortiato, & Digesto Novo, cum Additionibus Celsi-Hugonis Diffuti. 8º. *Lugduni apud eundem* 1513. Descousu dédia cette édition à son oncle maternel Louis Gendret, Licentié en Droit, Chanoine, & Archidiacre de Bresse, en l'Eglise de Châlon. Il y marque, que c'étoit Nicolas Boyer, qui lui avoit communiqué le manuscrit de cet Auteur, aussi bien que ceux de Guillaume de Cuneo, & de Jacques Rebuffi, comme encore de plusieurs autres. On y voit aussi, que Descousu présidoit alors en quelque maniére à l'Imprimerie de Vincent, où aparemment il etoit salarié pour la révision des Livres de Jurisprudence.

Philippi Franci Commentarii in sextum Librum Decretalium, cum Additionibus Celsi-Hugonis Diffuti. Lugduni, apud eundem 1513. Cette édition fut dédiée par Descousu à Jean de Poupet, Evêque de Châlon.

Jacobi de Bellovisu Practica judiciaria in criminibus, cum annotationibus celeberrimi Domini Honorati Pugeti &c. ad unguem quoque per Celsum-Hugonem Diffutum, &c. climata. 8º. ou petit in 4º. Lugduni 1515.

Celsi-Hugonis Diffuti Destructorium Cautelarum Bartholomæi Cæpolæ. Je n'ai pù découvrir précisément le tems de la première édition de cet Ouvrage, qui a été imprimé plusieurs fois. J'aprens seulement par la Préface de l'édition de 1578. où cet Ouvrage est intitulé: *Tractatus, de Clausulis,* qu'elle parut la première fois à Lyon, chez Simon Vincent, & par conséquent à peu près dans le même tems, que les Livres précédens. Cette Préface est adressée à François Faber, Greffier en la Sénéchaussée de Lyon.

Tels sont les seuls Ouvrages de ma connoissance, que Descousu fit imprimer avant son voyage d'Espagne, dont je parlerai dans la suite.

Mais ce qui paroitra surprenant, c'est que ce même Descousu, qui sembloit uniquement ocupé de la Jurisprudence, prenoit aussi la qualité de Professeur en Hébreu, & en Grec dès l'année 1512. Cela se reconnoit par l'Epitre dédicatoire de la première impression Grecque des Idylles de Théocrite, qui a été faite en France, & qui parut cette même année par les soins de Descousu.

Afin qu'on n'en puisse douter, en voici les termes, tels qu'ils sont raportez dans le Traité, *De l'origine de l'Imprimerie de Paris,* par André Chevillier, pag. 253. car je n'ai pas vû le Livre même: *Hieronymo Alexandro Mottensi, trium Linguarum doctissimo, Græcas Aureliæ Literas profitenti, Celsus-Hugo Diffutus, Cavillonus Celta, earumdem, nec non Hebraicarum apud Parrhisios Interpres S.*

La même année il fit encore imprimer à Lyon, chez Jacques Huguetan, les Vies Latines des Peres du Désert par S. Jérome. Et comme il venoit d'être fait Chanoine en l'Eglise de Châlon, il en prit la qualité dans l'Epitre dédicatoire de ce Livre, qu'il adressa à son Evêque en cette sorte: *R. in Christo Patri, & DD. Joanni de Poupeto, Jurium celeberrimo Doctori, Cabilonensique Episcopo, &c. Celsus-Hugo Diffutus, in utroque Jure Licentiatus, Cathedralisque præfatæ Urbis Canonicus creatus, omni cum humilitate S.* J'ai vû cette Edition, par laquelle il paroit encore, qu'il avoit fait ses études avec ce Prélat, tant à Paris, qu'en Italie: *In Parrhisiano tecum, & Ultramontano studio conversatus.*

Jusques-là tout convient assez à notre Descousu, tant pour l'âge, que pour le reste. D'ailleurs, les citations de Bartole, & de Balde, qui se trouvent jointes dans cette Epitre à celles de Démosthéne, semblent soutenir assez bien le caractére de Pro-

---

(a) Descousu, *Consil.* 118. *in princ.*

fesseur en Grec, joint à celui de Jurisconsulte.

Mais d'autre côté j'ai peine à comprendre, pourquoi Descousu, qui avoit eu en Italie à vingt-deux ans le bonnet de Docteur en Droit, & qui en cette qualité professa à Montpellier en 1511. & 1512. ne prend dans cette Epitre, que la qualité de Licentié. Il n'est pas moins étonnant, que dans aucun de ses Ouvrages de Droit, on ne trouve pas le moindre vestige de cette connoissance des Langues sçavantes, ni la moindre marque de cette espèce d'érudition, dont il devoit être bien tenté de se faire honneur dans un siécle, où elle étoit si rare, sur tout parmi les Jurisconsultes. En sorte, qu'il y a grande aparence, que le Professeur en Hébreu, & en Grec, étoit différent du Docteur en Droit, quoiqu'ils portassent le même nom, & qu'ils fussent aparemment de la même famille.

Une chose, qui achève de me le persuader, c'est que, quoique le Bénéfice honnête, & utile, que notre Docteur obtint en 1511. dans sa patrie, dût naturellement l'y attacher, je le trouve néanmoins peu de tems après errant en Flandres, & en Espagne, où il étoit encore en 1532. C'est un fait, qui se justifie par le gros Volume de ses Conseils Latins, dont il sera parlé dans la suite.

On y voit en effet, qu'il étoit déja en Arragon(a) dès l'année 1516. & qu'il avoit auparavant fait quelque séjour à Bruges, (b) où à la vérité il semble, qu'il eût interrompu ses études de Droit, pour s'occuper à quelque autre chose. *Veritatis amor, & Justitiæ,* dit-il, *me juris utriusque studium intermissum resumere coëgit, strepituusque rursus inventare forenses.* Mais je n'ai pû découvrir, quelle étoit cette occupation, non plus que le sujet de ses longs voyages, ni même en quels lieux il a vécu, depuis 1516. jusqu'en 1522. Cependant, puisque durant cette derniére année il étoit à Barcelone, (c) il y a aparence, qu'il n'avoit pas quitté l'Espagne.

On voit par ses Conseils, (d) qu'il demeura en la même Ville jusqu'en 1528. y faisant la Profession d'Avocat Consultant. Vraisemblablement il n'avoit pas été dans ce dessein-là. Car il dit, (e) qu'il n'y avoit d'abord aucuns Livres, *tanquam viator.* Il faut pourtant, qu'il y eût porté ses Recüeils de Droit. Car ses Consultations sont remplies d'une infinité d'autoritez, & même il y cite ses propres Ouvrages. Ce qui supose, qu'il les avoit avec lui.

La même année 1528. il fit un tour (f) à Madrit. Mais il revint bientôt après à Barcelone, (g) où il passa une partie de l'année 1529. Ce fut dans ce tems, qu'il prit la pensée d'aller s'établir à Tolède, & d'y transporter ses Livres. (h) Il exécuta ce projet la même année, & il demeura encore en cette Ville les années 1530. 1531. & 1532. (i) toujours employé aux Consultations.

On ne sçait ce qu'il est devenu depuis, ni s'il se fixa en Espagne, ou s'il revint en France. Le P. Jacob (k) le fait vivre jusqu'en 1580. Ce qui n'a aucune aparence. Il a crû sans doute, que c'étoit lui, qui avoit fait imprimer ses Conseils, dont j'ai parlé cidessus. Mais il n'y en a aucune preuve. Le P. Perry (l) non seulement a fait vivre Descousu jusques en 1550. mais il a soupçonné de plus, sans aucun fondement, qu'il mourut Hérétique.

L'erreur du Pere Jacob, dont je viens de parler, n'est pas la seule, où ce bon Pere soit tombé au sujet de Descousu. Car d'un seul homme, il en a fait trois, (m) Claude Descousu, Hugues Descousu, & Celse-Hugues Descousu. Sur le premier il a été trompé par Jean Névizan, qui ayant trouvé cet Auteur ainsi cité : *C. Dissutus, De clausulis Derogatoriis,* a interprèté la première lettre par *Claudius,* au lieu de *Celsus.* Mais le P. Jacob pouvoit aisément reconnoitre, que le Traité, *De clausulis derogatoriis,* faisoit partie de celui, *De clausulis,* qui constament est de Celse-Hugues Descousu.

Le Titre du petit Commentaire sur notre Coutume, imprimé sous le nom d'Hugues Descousu, a fait encore croire à ce Pere, que c'étoit un Auteur différent. Mais, suposé que Descousu ait eu quelque part à cet Ouvrage, ce que je ne crois pas, c'est sans doute celui, dont j'écris la Vie, comme c'est encore lui, qui est l'Auteur des Additions à Philippes Francus, suivant que le P. Jacob auroit pû le voir dans Claude Robert, (n) qu'il cite mal à propos, pour prouver le contraire.

Le sort de notre Docteur étoit sans doute, que son nom fût défiguré. Car en quelques endroits (o) il n'est apellé que *Celsus Hugo,* & en d'autres, (p) que *Celsus.* Il y en a même, (q) où l'on a fait deux personnes différentes de *Celsus,* & de *Hugo.* C'est à quoi il est bon de prendre garde, pour n'y être point trompé.

Pendant son séjour en Espagne il fit imprimer, tant en ce Royaume, qu'en France divers Ouvrages de Jurisprudence, dont voici la liste.

Dyni Mugellani Commentarii in Titulum, de Regulis Juris, sexti Decretalium, cum Notis Nic. Boërii, & Additionibus Celsi-Hugonis Dissuti. 8°. *Lugduni, apud Joan. Crespin,* 1525. Il y a une Epitre dédicatoire de Descousu adressée à Nic. Boyer, Auteur des Notes.

Baldi Perusini Commentarii in Libros III. priores Codicis, cum Apostillis Alexandri Tartagni, Andreæ Barbatiæ, & Celsi-Hugonis Dissuti. Fol. Lugduni, apud Sebast. Gryphium, 1531. Ces Additions de Descousu se trouvent encore dans d'autres éditions postérieures.

Bartholi de Saxo-Ferrato Opera, cum Additionibus Celsi Hugonis Dissuti. Fol. Lugduni, 1535. 5. *Vol. & encore ibid.* 1552.

Repertorio de todas las Leyes del Reyno de Castilla, abreviadas, y reducidas en forma de Repertorio decisivo por el orden del A. B. C. Fol. Pincia, 1547. Il est parlé de cet Ouvrage dans la Bibliothéque nouvelle des Ecrivains d'Espagne, par Dom Nicolas Antonio, (r) où l'Auteur de ce Répertoire est apellé plaisamment : *Hugo de Celso, Burgundus, Cabilonensis, J. C.* Ce nom ainsi défiguré donne lieu de soupçonner, que quand ce Livre fut imprimé, Descousu n'étoit plus en Espagne. J'ai vû encore dans un Catalogue de Livres curieux une seconde édition du même Ouvrage, imprimée à *Medina del campo, in Fol. en* 1553. & où l'Auteur est pareillement apellé, *Hugo de Celso, Fiscal del Consejo Real.* Ce qui nous aprend, qu'il fut honoré en Espagne d'un Emploi important.

Baldi Perusini Commentarii in infortiatum, & Codicem, cum Additionibus Celsi-Hugonis Dissuti. Folio Lugduni, 1548.

Dominici à Sancto Geminiano Commentarii in Librum sextum Decretalium, cum Additionibus Celsi-Hugonis Dissuti. Fol. Venetiis, apud Juntas, 1578. C'est le titre de mon édition. Mais je suis persuadé, qu'il y en a eu une plus ancienne.

Consilia Celsi-Hugonis Dissuti Cavilloni, Celta Juris

(a) *Consil.* 10. n. 45.
(b) V. la fin de ses Conseils 31. & 32. & le commencement de ce dernier.
(c) V. la fin de son Conseil 4.
(d) *Dict. Consil.* 4. & *sequens.*
(e) V. les commencemens des Conseils 5. & 6.
(f) V. la fin du Conseil 117.
(g) V. la fin des Conseils 121. 122. 123.
(h) V. le commencement du Conseil 118. & les Conseils 119. & 120.
(i) V. les Conseils 94. 111. & 114.

(k) *De Script. Cabilonens.* p. 38.
(l) Le P. Perry, *Hist de Châlon,* p. 357.
(m) *Ibid. pag.* 15. 18. & 36.
(n) V. Claude Robert. *in Gall. Christian. pag.* 281.
(o) Lipen. *Biblioth. Real. Jurid pag.* 69. 1. 2. 143. & 405.
(p) En ses Additions sur Balde, *in Codicem.*
(q) V. l'Indice des Auteurs de Droit de Jean Wolfgang Freymonius, fol. 112. où il met : *Clausulæ Celsi, & Hugonis* comme si c'étoient deux Auteurs différens.
(r) *Biblioth. Nova Nicol. Antonii, Tom.* 2. p. 333.

utriusque Doctoris, *Fol. Lugduni, apud Sib. à Porta,* 1586. Il paroit par le titre, que ce n'est qu'une seconde édition, & l'on dit qu'en effet il y en a eu une première de 1570. Le dernier en date de ces Conseils, qui est le quatre-vingt-quatorziéme, est daté de Toléde en 1532. Ce qui joint à la quantité d'Ouvrage de sa façon, qui parurent depuis en France, & à ce que j'ai remarqué, en parlant de son Répertoire des Loix de Castille, me persuade qu'il retourna en sa patrie peu de tems après la date de ce Conseil, & qu'il y a passé le reste de ses jours.

Jusques à présent je n'ai parlé, que de ceux de ses Ouvrages, dont les éditions m'ont passé par les mains. Mais il en a cité lui-même plusieurs autres, dont le tems, & le lieu de l'impression me sont absolument inconnus. Telles sont ses Apostilles sur Felin, (a) sur le Panormitain, (b) sur le Cardinal Zabarella, (c) sur la Glose d'Accurse, (d) & sur les *Singularia* d'Antoine Corsetus. (e)

De plus, dans l'Epitre dédicatoire, qu'il mit en 1513. au devant de ses Apostilles sur les Pratiques de Balde, & de Lanfrancus de Oriano, il parle des Additions, qu'il avoit faites sur Albericus à Rosate. Et il y a grande aparence, que ce sont les mêmes, que Jean Thierry fit imprimer en 1517. comme de lui-même, dans un tems, où il sçavoit que Descousu avoit quitté le Royaume, comme je l'ai marqué en la Vie de Thierry, qui étoit un grand plagiaire.

Quoiqu'il en soit, les autres Ouvrages, qui portent le nom de Descousu, suffisent pour prouver, que s'il y a eu des Jurisconsultes plus profonds, que lui, il n'y en a guére eu de plus laborieux, ni de plus apliquez. Ce n'est pas d'ailleurs une petite marque de son mérite, que les témoignages, que lui a rendus plus d'une fois le sçavant Président Boyer. A ceux, que j'ai déja raportez, je ne dois pas oublier de joindre la Dédicace que ce Magistrat lui fit de la première édition de son Traité, *de Custodia clavium portarum, &c.* Laquelle parut à Lyon en 1513. chez Simon Vincent, in 8o. Il y apelle Descousu son très-cher camarade, *Socium amantissimum,* & le loüe de n'avoir pas manqué à sa patrie, & à sa famille dans les dangers, où elles avoient été exposées: *quòd in tantis patriæ suæ incommodis, ac periculis, nec sibi, nec clarissimæ familiæ defuerit.* C'est ainsi, qu'il s'en explique, sans que j'aye pû découvrir, ce qui avoit fait mériter à Descousu un pareil éloge.

Au reste cette Epitre Dédicatoire a été mal à propos retranchée de toutes les éditions postérieures de ce Traité, comme l'ont été la plûpart des autres de nos anciens Jurisconsultes; aussi bien, que beaucoup de Préfaces, dont ils avoient orné leurs Ouvrages. En quoi, par une négligence des Imprimeurs, qu'on ne sçauroit assez déplorer, ni blâmer, nous avons perdu la connoissance d'une infinité de faits curieux, qui ne se trouvent, que dans ces éditions Gothiques, lesquelles sont aujourd'hui inconsidérément réléguées *in vicum, vendentem thus, & odores.* (f)

(a) Descousu, *de Clausul.* p. 482. col. 1. édit. 1578. & passim.
(b) Le même, *ibid.* p. 481. col. 2. & passim.
(c) Le même, *Consil.* 16. n. 1. & passim.
(d) Le même, *dict. Tract. de Clausul.* p. 486. Col. 1 & passim.
(e) Le même, *Addit. ad Bald. in L. More Litis. Cod. de Rei vendic.*
(f) Horace, *Epist.* I. *Lib.* 2.

BARTHELEMI (a) DE CHASSENEUZ.

BARTHELEMI DE CHASSENEUZ, (b) Seigneur de Prélay, (c) a été un de ces hommes illustres, que le seul mérite fit monter aux premières charges de la Robe, dans un siécle, où la vénalité n'en avoit presque pas encore terni l'éclat.

Il témoigne en plusieurs endroits (d) de ses Ouvrages, qu'il naquit au mois d'Août, à Issy-l'Evêque, (e) Bourg situé à une demie journée de la Ville d'Autun. Il eut pour pere, Antoine de Chasseneuz, (f) & pour mere, Jeanne Musnier, sœur de Barthelemi Musnier, Chanoine en l'Eglise Cathédrale d'Autun.

L'année de sa naissance n'est pas bien certaine. Pitton, en son Histoire de la Ville d'Aix, (g) le fait naître au mois d'Août 1477. mais sans en alléguer aucune preuve. Il me paroit avoir été mal informé. Car en 1517. qui est le tems, (h) où Chasseneuz composoit son *Catalogue de la Gloire du monde,* il s'en faloit encore quelques années, (i) qu'il n'eût cinquante ans. D'ailleurs il dit lui-même, (k) qu'il fut fait Assesseur du Capitaine de Justice de Milan à l'âge de vingt-un ans, du tems que Charles d'Amboise étoit Gouverneur du Milanois pour le Roi Loüis XII. Ce qui tombe en l'année 1501. (l) Ainsi il y a lieu de présumer, que Chasseneuz ne vit le jour, qu'au mois d'Août 1480.

En 1488. (m) ses parens l'envoyérent faire ses premiéres études à Corbigny, petite Ville du Nivernois, sous un nommé Vincent Gaigand, qui y tenoit

---

(a) Le P. Nicéron, a inséré cette Vie de Chasseneuz presque mot à mot au Tome III. de ses Mémoires pour l'Histoire des Hommes illustres, sans néanmoins y joindre les preuves. Et comme il y avoit à peine marqué, de qui il tenoit ces Mémoires, il crut devoir rendre justice à l'Auteur en son Tome X. en y ajoutant grand nombre d'additions, que le même Auteur lui avoit envoyées, & qui seront mises ici dans leur place plus correctement.
(b) On l'apelle communément, *Chassanée.* Ce qui vient de ce que lui-même dans les derniéres éditions de ses Ouvrages, s'apelloit *Bartholomæus à Chassaneo.* Mais son vrai nom, que j'ai rétabli ici, se trouve non seulement dans une Inscription, qu'il raporte lui-même, *Catalog. Glor. Mundi, Part.* 1.. *Consf.* 89. & dans son contrat de mariage, que j'ai vû en original; mais encore dans ce distique, qu'il mit au devant de la première édition de son Commentaire, sur notre Coutume:

Hedua nunc tenet Auctorem Bartholomeum, quem
Issiacus genuit, nomine de Chasseneuz.

(c) La petite Seigneurie de Prélay, qui lui apartenoit en toute Justice, comme il le dit en plus d'un endroit, (*in Consf. Burg. Rubr* 9. §. 4. *Verb Un Meix,* n. 8. & §. 16, *Gl. ult. in fin*) étoit située en la Paroisse de Broye, près d'Autun. Après sa mort, elle passa à Philipote, l'une de ses filles, & fut venduë le 1.. Octobre 1603 par un de ses descendans au Président Jeannin, pour être unie à la Baronie de Montjeu.
(d) Sur la Coutume de Bourgogne, *Rubr.* 4. §. 7. *Verb. Si ce n'est du consertement.* n. 24. & ailleurs.
(e) Le même, *ibid. Rubr.* 3. §. 2 *in princ* n. 19.
(f) Le même, *ibid. Rubr.* 7. § 9. *in fin.*
(g) Pitton, *Hist. d'Aix,* p. 57.
(h) V. la Lettre, écrite par Jean-Baptiste Le Chandelier, Conseiller au Parlement de Roüen, le 1 Novembre 1527. à Chasseneuz, qui l'a inséré au *Catalog. Glor. Mundi, Part.* 12. *Consid* 60.
(i) Chasseneuz, *ibid. Part.* 6. *Conf.* 5.
(k) Le même, *ibid. Part.* . *Consid.* 17. Et *Part.* 10. *Consid.* 30. *in fin.* Et sur notre Coutume, *Rubr.* 1. *in princ. Verb. Et avoit d'icelle,* n. 7. & §. 2. *Verb. Advenues & trouvées,* n. 3.
(l) Jean d'Auton, *Hist. de Louis XII.* ch. 44.
(m) Chasseneuz, *Eud. Catalog. Part.* 12. *Consid.* 95.

alors école. On ne fçait fi ce fut là, ou ailleurs, qu'il continua de s'inftruire dans les belles Lettres, & dans la Philofophie. Ce qu'il y a de fûr, c'eft qu'il n'avoit guére que quinze ans, lorfqu'il fut envoyé pour étudier en Droit en l'Univerfité de Dole, (a) fous un célèbre Profeffeur, nommé Jean de la Magdelaine, dont il fait un grand éloge, & fous un autre, nommé Anfelme de Maranches, pere de Loüis de Maranches, Avocat Général au Parlement de Dole, comme le dit Chaffeneuz, *Confil.* 67. *n.* 24. Par le tems, qu'il paffa dans la fuite en d'autres Univerfitez, on voit qu'il ne demeura guére en celle-ci. Et cependant il y fit de fi grands progrès dans l'étude de la Jurifprudence, qu'il forma dèflors le deffein de faire un Commentaire fur la Coutume du Duché de Bourgogne.

Ce Commentaire n'eft pas celui, qui depuis a paru de fa façon; mais un autre beaucoup plus fuccint, & qui avoit pour canevas, fi je ne me trompe, des Remarques fur cette même Coutume, faites par Pierre Bonféal, fçavant Avocat Général au Parlement de Dijon. Je ne puis du moins concilier autrement divers paffages (b) de Chaffeneuz, où fe plaignant de Jean Thierry, qui avoit voulu s'aproprier ce Commentaire, il lui foutient en un endroit, qu'il étoit de Bonféal, & par tout ailleurs il fe l'attribuë à lui-même, le citant perpétuellement en ces termes: *In Confuetudinibus meis antiquis*, par opofition à fon nouveau Commentaire. Il y a donc aparence que Chaffeneüz, ne trouvant pas l'Ouvrage de Bonféal affez étendu, y fit quelques additions à la maniére de ce tems là.

Du refte, Jean Thierry ne fut pas le feul, qu'il accufa de cette infidélité. Il fit auffi la même plainte (c) contre Celfe-Hugues Defcoufu, quoiqu'il en fût innocent, ainfi que je l'ai fait voir en fa Vie. Cette accufation paroit même d'abord mieux fondée contre ce dernier; puifque c'eft fous fon nom, que ce petit Commentaire fut imprimé en 1516. Cependant, comme Jean Thierry en fut l'Editeur, & qu'il prétendit y avoir fait quelques additions, ce fut particuliérement fur lui, que tomba la colére de Chaffeneuz.

De tous les paffages, où il en parle, je n'en raporterai qu'un, tant parce qu'il ne fe trouve, que dans les éditions Gothiques de fon Commentaire (d) fur la Coutume de Bourgogne, que parce qu'il fait voir, que ce petit Ouvrage, tout brut, & imparfait qu'il étoit, n'avoit pas néanmoins paru indigne d'être copié par beaucoup d'habiles gens. Voici donc ce que dit Chaffeneuz en cet endroit, à propos d'un Confeil de Bartole.

Quod Confilium eſt allegatum in Confuetudinibus meis antiquis pro XVI. *Confilio. Et ita eum allegavit quidam Thierry, occultator alienæ laudis, qui Confuetudines noſtras jactat ſe commentaſſe. Quod non eſt verum; quum ſint* XX. *anni, & ultra, quòd omnes ferè noſtri Advocati illas habent ſcriptas, nec eſt per eum unum ſolum verbum additum, imo nec etiam correctum, ſeu emendatum. Teſtes ſint omnes noſtri Advocati, qui prædictas Confuetudines habent ſunt* XX. *anni, & ultra. Teſtis inter cæteros eſt nobilis vir, Dominus Gulielmus de Chambellan, Confiliarius Regius in Parlamento Divionenſi, & in magno Confilio Regis, Dominus d'Oiſilly*

& *de Perrigny. Teſtis honeſtus vir ac ſapiens, Magiſter Dionyſius Poillot, Doctor in utroque Jure, qui fuit Procurator Regius Generalis in Burgundia, & nunc Confiliarius Regius in ſuo magno Confilio, qui eas ſcripſit Dolæ, quum tunc eſſemus contemporanei. Teſtis eſt etiam nobilis ac ſapiens vir, Magiſter Nicolaus de S. Amhoſt, in utroque Jure Doctor, & Judex Kadrellenſis, qui etiam ſcripſit Dolæ tempore meo. Et etiam Magiſter Andreas Venot. Teſtes ſint Impreſſores Lugduni, quibus ego eas miſi, quum ponerentur ad extampam, ut cognoſcerent, unde ortum habuerant. Teſtis ſit illarum ineptitudo; quum, ut videre poſſunt omnes, ſi ad correctionem illarum intendere voluiſſem, plus temporis confumpſiſſem, quàm non fecerim in condendo, & commentando eas de novo.*

Toutes ces époques confirment, que Chaffeneuz étudioit à Dole en 1495. Car il écrivoit ceci en 1516. qui eft l'année, où Denys Poillot fut fait Confeiller au Grand Confeil, & celle, où parut le petit Commentaire attribué à Defcoufu.

Chaffeneuz quitta peu après la Franche-Comté, pour aller en l'Univerfité de Poitiers, (e) qui étoit alors fameufe. Il y étudia fous Jacques le Brail & Thomas Cufenier, célèbres Profeffeurs, dont le premier fut depuis Confeiller au Parlement de Paris, & le fecond, auquel il donne de grandes loüanges, fut enfuite Avocat Général au Parlement de Bordeaux, & enfin Premier Préfident au Parlement de Provence.

Après que Chaffeneuz s'y fut perfectionné en l'étude des Loix Civiles & Canoniques, pendant le tems de trois ans & demi, il jugea à propos d'aller, fuivant l'ufage de ce tems-là, prendre encore quelques leçons dans les Univerfitez d'Italie. Il s'arrêta d'abord en celle de Turin, (f) où il groffit le nombre des Ecoliers de Thomas Parpalea, & fur tout du célèbre Claude de Seyffel.

Mais il ne féjourna pas long-tems en cette Ville, étant attiré en celle de Pavie par les grands noms de Jafon Maynus, Philipes Decius, François, & Roch de Curte, & Charles Ruinus, qui y profeffoient alors la Jurifprudence. Il y arriva environ dans le tems que Loüis XII. venoit de faire la conquête du Milanois: c'eft-à-dire en 1499. & commença d'y étudier (g) avec grande aplication fous ces cinq Profeffeurs. Malheureufement la pefte s'y étant fait fentir peu de tems après, (h) il fut obligé de revenir à Autun. Mais, dès qu'elle fut paffée, l'amour de l'étude le fit auffi-tôt retourner en la même Univerfité.

En 1501. Claude d'Amboife fut envoyé par le Roi au Milanois pour y commander. Il établit Robert de Pardines pour Capitaine de Juftice en la Ville de Milan; & quoique Chaffeneuz fût encore fort jeune, fon mérite déja reconnu le fit choifir (i) pour Affeffeur de ce Magiftrat. Ce ne fut pas la feule faveur, qu'il reçut de Charles d'Amboife. Car ce Seigneur (k) le fit encore fon Maitre des Requêtes; & Chaffeneuz conferva ces deux Emplois, tant qu'il refta en Italie.

Au mois d'Août de l'année fuivante il reçut à Pavie, (l) âgé de 22. ans feulement, le bonnet de Docteur. Qualité, qui ne le point quiter le métier d'Ecolier, puifqu'il dit, qu'il étudia en cette Univerfité pendant cinq ans entiers. Mais fa modeftie ne fit que donner plus d'éclat à fon mérite; jufques-là que les

---

(a) *Ibid. Part.* 10. *Confid.* 7. *in fin.*

(b) Chaffeneuz, en fa Coutume, *Rubr.* 2 §. 3. *in verbo*: Sont au Seigneur, &c. *n.* 9 & *Rubr.* 4. §. 20. *in verbo*: Deſceindre, *n.* 7.

(c) *Ibid. Rubr.* 9. §. 2. *in verbo*: Par quelque laps de tems, *n.* 11. où Chaffeneuz en parle en ces termes: *In quibuſdam onſuetudinibus meis, quas aliàs in ſtudio ſcripſi, quas ſibi uſurpaverunt Juan Thierry, & Hugo Deſcouſu.*

(d) *Rubr.* 4. §. 7. *in verbo*: Des plus prochains parens. *n.* 25. tout à la fin.

(e) *Ibid Rubr.* 1. §. 5 *in verbo*: S'il n'a grace, *n.* 121. & *Tract. De Gabellis, ad calcem Conſuetud. in verbo*: Sous les ſceaux, &c. *n* 16. & *Catalog. Glor. mundi*, l'art. 4. *Conſid.* 17. & *Part.* 10. *Conſid.* 32. bis.

(f) Le même, en fa Coutume, *Rubr.* 4. § 7 *in verbo*: Ne peuvent: *n.* 2. & *Rubr.* 9. §. 2. *Gloſ. ult. in fin.* & ailleurs.

(g) Le même, *Catalog. Glor mundi*, l'art. 10. *Conſid.* 32. & en fa Coutume, *Rubr.* 7. §. 1.. *Verb.* Ne retourneront point, *n.* 11 & ailleurs

(h) Le même, *Confil.* 52. *n.* 10.

(i) Le même, *Conſuet. Rubr.* 1. *in princ. in verbo*: Et droits d'icelles, *n.* 7 & § 1. *in verbo*: Advenuës & trouvées, *n.* 3. & *Catalog. Glor. mundi. Part.* 7. *Conſid.* 17. & *Part.* 10. *Conſid.* 30 *in fin.*

k Le même, dict *Catalog. Part.* 4. *Conſid.* 30. & *Part.* 10. *Conſid.* 32.

(l) Le même, *ibid. Part.* 10. *Conſid.* 30. & 32.

Docteurs de cette Université, pour lui témoigner leur estime, lui offrirent (*a*) de l'aggréger au Corps particulier de ceux, qui y étoient établis, & qui en cette qualité avoient plusieurs priviléges. Chasseneuz accepta cet honneur. Mais il dit, qu'il n'en joüit néanmoins pas, n'ayant pas eu le loisir d'aller à Pavie prêter le serment accoutumé.

Aparement, cela se passa dans le tems, que Charles d'Amboise marcha au siége de Boulogne. (*b*) Car Chasseneuz y accompagna son maitre. La Ville ayant été prise en 1506. il fut obligé de s'y arrêter trois ou quatre mois à la Cour du Pape Jules II. auprès duquel Charles d'Amboise l'avoit laissé, tant pour ses propres affaires, que pour solliciter un Chapeau de Cardinal qu'il obtint, (*c*) en faveur de Loüis d'Ambroise son frere, Evêque d'Autun, & d'Alby en même tems.

Chasseneuz partit de Boulogne à la Fête des Rois (*d*) de la même année 1506. & après avoir porté cette bonne nouvelle à son Maitre, & remis ses deux Emplois entre ses mains, il repassa les Monts en si grande diligence, qu'il étoit à Autun au commencement de Fevrier de la même année. Il nous aprend en son Conseil 12. n. 20. que la peste l'obligea à quitter une seconde fois l'Italie, & qu'il y avoit même laissé ses livres. Antoine Rams son frere uterin, & Artus de Chasseneuz son frere germain, tous deux Chanoines en l'Eglise Cathédrale d'Autun, & dont il a parlé (*e*) quelquefois dans ses Ouvrages, avoient aussi donné lieu à ce retour précipité, en lui procurant un mariage avantageux avec Pernelle, c'est-à-dire Petronille (*f*) Languet, veuve de Pierre Seurre, Avocat du Roi aux Bailliages d'Autun & de Montcenis, & fille de Guillaume Languet, Bourgeois à Viteaux, & d'Huguette le Boiteux. (*g*)

Leur Contrat de mariage, dont j'ai vû l'original, est du dixiéme du mois de Fevrier de la même année. Il n'y a rien de remarquable, sinon que les deux freres de Chasseneuz lui donnérent presque tous leurs biens. Pour la dot de sa femme, on ne voit point en quoi elle consistoit. Mais quelque considérable, qu'elle pût être, elle ne le dédommagea sans doute pas de la mauvaise humeur de cette femme, contre laquelle il lui est échapé quelques plaintes dans (*h*) ses Ouvrages.

Cette affaire consommée, Chasseneuz songea aux moyens d'avoir un Emploi. Il fut à Paris dans cette vûë, & y trouva Guy de Rochefort, alors Chancelier de France, bien disposé en sa faveur. En effet ce Chef de la Justice (*i*) lui fit d'abord expédier des Lettres de Maitre des Requêtes Honoraire, de l'Hôtel du Roi, & promit de lui donner une Charge de Conseiller au Grand Conseil, lui ordonnant de retourner cependant chez lui, pour mettre ordre à ses affaires. Mais cette espérance s'évanoüit bien tôt par la mort de ce Chancelier, arrivée un mois après (*k*) en 1507.

Chasseneuz se vit par-là obligé de retourner en sa maison, réduit à y faire la profession de simple Avocat. Il s'y distingua d'abord de manière, que Guy de Moreau, l'un des plus sçavans hommes de ce tems-là, & qui par son mérite parvint dans la suite aux premiéres Charges du Parlement de Dijon, voulut lui donner des marques de son estime. Par la mort de Pierre Seurre il avoit été pourvû (*l*) le 5. Décembre 1506. de la Charge d'Avocat du Roi aux Bailliage d'Autun, & de Montcenis. Mais son habilité lui donnoit tant de pratique au Bareau de ce Parlement, qu'il ne pouvoit résider à Autun, pour y faire sa Charge. Il commença par choisir Chasseneuz pour son Substitut en 1508. (*m*) & peu de tems après il lui résigna cet Office. Chasseneuz en fut pourvû par le Roi le 21. Août de la même année, & y fut installé le 25. Fevrier suivant. Il y obtint de plus la Charge de Baillif de l'Abaye de S. Martin de la même Ville. (*n*)

Alors, se voyant fixé en la Ville d'Autun, où la stérilité des affaires lui donnoit du loisir, il songea à mettre au jour quelque Livre digne de lui. Dès sa premiére jeunesse, comme on l'a vû, il avoit tenté d'éclaircir la Coutume de sa Province par des Remarques. Mais ce qu'il avoit acquis de connoissances depuis ce tems là, lui faisoit regarder cet Ouvrage comme un fruit précoce. Ainsi, sans s'arrêter à le polir, il se mit tout de bon à composer un nouveau Commentaire. (*o*)

L'entreprise étoit hardie. Car, lorsqu'il commença cet Ouvrage, il n'en avoit point encore paru de pareil en France. Et, quoique les Commentaires de Nicolas Boyer, de Pyrrhus d'Angleberme, & de Sainxon, sur les Coutumes de Bourges, d'Orleans, & de Tours, ayent prévenu le sien sur la nôtre, ils ne vinrent néanmoins à sa connoissance, (*p*) qu'après que son Livre eût été donné au Public.

La premiére Edition en parut à Lyon en 1517. (*q*) Chasseneuz la dédia à Hugues Fournier, Premier Président au Parlement de Dijon, & je ne sçai pourquoi son Epitre dédicatoire, qui se trouve encore dans l'Edition de 1528. a été retranchée de toutes les suivantes. Quoiqu'il en soit, il en donna de son vivant jusqu'à quatre Editions, toujours augmentées de nouvelles Remarques, & depuis sa mort il s'en est fait encore quantité d'autres.

Dès le tems, qu'il travailloit sur la Coutume, quelques questions de préséance, agitées entre certains Officiers, lui avoient donné occasion d'aprofondir cette matiére, & de composer un Traité, qu'il apelle : *Tractatum in materiá Prælationis, & Præcedentiæ diversorum, & penè omnium statuum.* Mais le trouvant trop long, pour l'insérer en son Commentaire, sur nôtre Coutume, (*r*) il avoit promis de le faire imprimer à part. En effet, après avoir publié sa Coutume, il continua le dessein de ce Traité, & cherchant à l'enrichir de tout ce qui se pouvoit trouver dans les Livres de convenable à son plan, il le grossit de sorte, qu'il en forma un volume aussi épais,

---

(*a*) Le même, *ibid. Dict. Consid.* 32.

(*b*) Le même, *ibid. Part.* 4. *Consid.* 30.

(*c*) Aubery, Hist. des Cardin. *Tom.* 1. *p.* 129. & autres.

(*d*) Chasseneuz, *ibid. Part* 5. *Consid.* 24. *n.* 125.

(*e*) Il parle de son frere utérin, en la Coutume, *Rubr.* 1. §. 2. *in verbo* : Et la preuve, *n.* 13. & §. 8. *in verbo* : Et jour, *n.* 12. où il l'apelle, *Antoine Rams.* Mais son vrai nom étoit *Rams*, comme je l'ai reconnu au Contrat de mariage de Chasseneuz. A l'égard de son frere Artus, il en fait mention, *ibid. Rubr.* 1. §. 8. *in verbo* : Et jour, *n.* 17. & en plusieurs autres endroits.

(*f*) Chasseneuz, *Catalog. Glor. mund. Part.* 12. *Consid.* 89. où il parle du nom de sa femme.

(*g*) Prouvé par le contrat du premier mariage de Pernelle Languet, en date du 13 Décembre 149. que j'ai vû dans les Mémoires Généalogiques manuscrits de P Palliot.

(*h*) V. la Préface de Chasseneuz sur sa Coutume, en ces mots : *Stimulis uxoris impeditus.* V aussi la note de Du Moulin sur le Commentaire du même, *Rubr.* 1. §. 5. *in verbo* : S'il n'a grace, *n* 99.

(*i*) Chasseneuz, *Catal. Glor. mund. Part.* 6. *Conf.* 5.

(*k*) Le même, *Ibid.* & Godefroy, Hist. des Chanceliers, *pag.* 52.

(*l*) Vérifié dans le Compte rendu à la Chambre des Comptes de Dijon, par Jean Charvot, Receveur du Bailliage d'Autun, pour l'année finie au premier Octobre 1507.

(*m*) V. Chasseneuz en sa Coutume, *Rubr.* 4. §. 6. *in verbo* : Mariée. & §. 7. *in verbo* : Si ce n'est du consentement, *n* 24. Et le compte dudit Jean Charvot, pour l'année finie le premier Octobre 1509.

(*n*) Chasseneuz, *ibid. Rubr.* 9. §. 9. *Verb. Lesquels ex ce cas*, *n.* 4.

(*o*) Le même, *ibid. Rubr.* 3. §. 2. *in princ. n.* 18.

(*p*) Le même, *ibid. n.* 19.

(*q*) 4°. chès Simon Vincent, en Lettres Gothiques. Mais le privilége en avoit été accordé dès le 16. Août 1515. à la requête, est-il dit, de Me. Nicole Boyer, Président au Parlement de Bordeaux.

(*r*) Chasseneuz, en sa Coutume, *Rubr.* 3. §. 4. *Glof.* 4. *n.* 18.

que son Commentaire sur la Coutume. Il parut la première fois à Lyon en 1529. chez Simon Vincent, sous le titre de *Catalogus Gloriæ mundi*, avec un Epitre dédicatoire au Chancelier du Prat ; & par la singularité de sa matière, il attira une grande réputation à son Auteur.

Le loisir, dont il joüissoit à Autun, lui fit aussi prendre la pensée de revoir ses Consultations les plus importantes, & de les donner au Public. On lui en avoit dérobé plusieurs, comme il s'en plaint (a) quelque part. Mais il en retrouva néanmoins assez, pour en composer un volume, qui parut la première fois à Lyon en 1531. & dont Pancirole (b) rend ce témoignage : *Egregia etiam post se Responsa reliquit, quæ in pretio habentur.*

Tant d'Ouvrages utiles au Public ne pouvoient manquer de trouver leur récompense, sous un Regne aussi favorable aux Gens de Lettres, que celui de François I. Chasseneuz étoit déja connu de ce grand Roi, qu'il avoit eu l'honneur de haranguer à Autun en 1521. (c) au nom de la Ville ; & ce Prince en avoit été si content, qu'il lui avoit fait dire par l'Archevêque de Sens, & par l'Evêque de Senlis, qu'il eût à suivre sa Cour, voulant le faire Conseiller en son Grand Conseil. Mais Chasseneuz dit, qu'il le refusa, n'aimant point la vie ambulante, qu'il lui auroit fallu mener à la suite de ce Conseil, lequel n'étoit pas encore sédentaire, comme il l'est devenu depui. Ce fut en cette année, qu'Hugues le Valleur, Châtelain Royal de Châlon, & parent proche de Chasseneuz, qu'il apelle *Sororium*, lui dédia les Commentaires de *Jacobinus de S. Georgio*, sur quelques Titres du Digeste, & du Code, qu'il fit alors imprimer à Lyon, *in fol.* chez Simon Vincent. Il y donne de grandes loüanges à Chasseneuz, & y reconnoit qu'on lui avoit l'obligation de l'Edition, qui avoit paru depuis peu des Commentaires d'*Albericus à Rosate* ; quoique Jean Thierry s'en soit fait honneur, comme je l'ai marqué en sa vie.

Le Parlement de Dijon donna peu de tems après à Chasseneuz une marque de distinction : (d) l'ayant proposé au Roi le 8. Janvier 1724. avec deux autres, suivant qu'il se pratiquoit alors, pour remplir une place de Conseiller, vacante en cette Compagnie. Mais cette nomination n'eut pas le succès, qu'on en attendoit.

Chasseneuz paroissoit (e) avoir presque renoncé à toute vûë ambitieuse, quand au moment, qu'il y pensoit le moins, le Roi se ressouvint de lui ; & lui donna une Charge de Conseiller au Parlement de Paris, dont il fut pourvû le 3. Août 1531. comme il l'atteste lui-même. (f) Ainsi Blanchard s'est équivoqué, quand il l'a mis en la Liste des Conseillers, qui furent reçus en 1522.

Il se rendit aussi-tôt à Paris, pour prendre possession de sa nouvelle Charge. Mais quelques tems après, étant revenu à Autun, afin de mettre ordre à ses affaires, il y reçut (g) au mois d'Août 1532. l'agréable nouvelle, que le Roi venoit de le nommer en la Charge de Premier, ou plûtôt de seul Président au Parlement de Provence. Car alors il n'y en avoit point d'autres.

C'est à ce sujet, qu'il a fait dans l'un de ses Ouvrages, (h) l'énumération de tout ce qui lui étoit arrivé d'heureux en ce même mois, qui étoit celui de sa naissance ; celui où il avoit reçû la tonsure Cléricale ; où il avoit été passé Docteur, & où il avoit été pourvû des trois différentes Charges, qu'il avoit possédées en France.

En cette dernière, il succéda à ce même Thomas Cusenier, qui avoit été autrefois son Régent en l'Université de Poitiers, & que le témoignage, tant de Chasseneuz, que de tous les Historiens de Provence, doit faire regarder comme un des plus grands personnages de son siècle. Mais toutes ses grandes qualitez ne servirent, qu'à faire abreger ses jours par le poison, (i) après sept ou huit mois de séjour en Provence.

Chasseneuz y porta les mêmes vertus, & essuya à peu près les mêmes traverses. A peine eut-il pris possession de la première place du Parlement, où il fut reçû le 3. d'Octobre 1533. qu'Honorat de Laugier, qui y étoit Avocat Général, ayant pris la pensée de porter ses plaintes au Roi de quelques prétenduës malversations de certains Officiers de sa Compagnie, osa y comprendre Chasseneuz, (k) dont il s'étoit déclaré l'ennemi. Ce dernier en étant averti, demanda au Roi la permission de se justifier. Cela parut si juste, & si important, que François I. députa quatre Président, un de Paris, un de Toulouse, un de Bordeaux, & un autre de Grenoble, pour aller sur les lieux informer de la vérité des faits.

Après l'instruction du procès, le jugement en ayant été renvoyé par le Roi à des Commissaires, l'accusation calomnieuse de Laugier eut le sort, qu'elle méritoit. L'Arrêt, qui fut rendu à ce sujet, fait trop d'honneur à la mémoire de Chasseneuz, pour n'en pas inférer ici le dispositif, tel qu'il se trouve dans les Régistres du Parlement de Provence, d'où je l'ai tiré.

FRANÇOIS &c. sçavoir faisons, que nous, suivant la délibération desdits Juges, avons absous ledit de Chasseneuz desdites charges, & accusations, & l'avons mis, & mettons h rs de Cour, & de procès ; & avons condamné ledit Laugier, pour lesdites téméraires dénonciations, accusations, & poursuites par lui faites à l'encontre dudit de Chasseneuz, envers icelui de Chasseneuz, pour toute réparation, & dépens, dommages & intérêts, en la somme de mille livres Parisis, & à tenir prison, jusques à plein, & entier payement d'icelle. Donné à Is-sur-Tille le 10. Octobre l'An de grace 1535.

Par un autre Arrêt, donné le 8. Novembre suivant, les autres Officiers du Parlement de Provence furent pareillement absous des crimes, qui leur avoient été imputez, & leur calomnieux accusateur fut entr'autres peines privé de son office. (l)

A l'égard de Chasseneuz, le Roi parut si satisfait de sa conduite, que pour marque de sa confiance, il l'apella en son Conseil, pour y travailler à la rédaction de l'Ordonnance, qui fut faite dans le mois d'Octobre de la même année à Is-sur-Tille, pour la réformation de la Justice en Provence, comme il paroit à la fin de la même Ordonnance. Et peu de tems après il lui adressa une commission particulière, en vertu de laquelle il se transporta à Marseille, pour y réformer quelques abus, qui s'étoient glissez dans l'exercice de la Justice. (m)

A son retour à Aix, il s'apliqua uniquement à remplir dignement les fonctions de sa Charge, & à joüir d'un repos, que ses ennemis n'osèrent plus troubler. Mais quelque tems après il se présenta une autre affaire, qui lui donna bien de l'exercice.

Il y avoit long-tems, qu'en quelques lieux des Comtez de Provence, & du Venaissin, & particu-

---

(a) En la Coutume, *Rubr.* 4. §. 19 *Glos.* 1. *n.* 27.
(b) *De claris Leg. Interpret Lib* 2. *Cap* 154.
(c) Chasseneuz, *Catal. Glor. mund. Part. 2. Cons.* 5 *&
Part.* 5. *Cons.* 5. *& Part.* 6. *Cons.* 5.
(d) Régistres du Parlement de Dijon de ladite année 1524.
(e) Chasseneuz, *Catalog Glor mund. Part.* 6. *cons.* 5
(f) Chasseneuz, en sa Coutume, *Rubr.* . §. 5. *in verbo:
S'il n'a grace,* n. 91. & *Rubr* 4. §. 7. *in verbo:* si ce n'est du consentement, *n* 4. & ailleurs.
(g) Le même, *ead. Rubr.* §. 7. *aict. n.* 24.

(h) Le même, *ibid.*
(i) Honoré Bouche, Hist. de Provence, Tom. 1 pag. 561. 56 . Pitton, Hist. d'Aix, pag. 526. 52 .
(k) Bouche, *ibid. p* 57 . 71. Pitton, *ibid.* 528.
(l) Tiré d'un mémoire, que m'a communiqué feu M. de Moissac, Conseiller au Parlement de Provence. On voit aussi par ce que dit Pitton, au lieu cité, que Guillaume Garçonnet fut pourvû peu de tems après de la Charge de Laugier.
(m) V. Guesnay, *Annal. Massil* p. 276.

liérement aux Villages de Cabriéres, & de Mérindol, il s'étoit gliffé une fecte d'Hérétiques, qu'on croyoit être un refte des anciens Vaudois. On en avoit pour-fuivi, & condamné plufieurs très févérement. Mais, cela ne fuffifant pas, pour arrêter cette Héréfie, le Roi avoit mandé au Parlement de Provence, de faire en forte de l'extirper, s'il étoit poffible.

La raifon, & la prudence vouloient, qu'on com-mençât par les voies d'exhortation, & de douceur, avant que d'en venir aux derniéres extrémitez. Cela étoit fort du goût de Chaffeneuz, comme on le verra par la conduite, qu'il tint dans la fuite. Mais cette modération ne convenoit point au zéle un peu trop vif des Provençaux. Les Hiftoriens (a) nous apren-nent d'ailleurs, que quelques-uns des Officiers du Parlement d'Aix avoient un interêt particulier à la deftruction de ces pauvres Villageois.

Ainfi toute l'adreffe de Chaffeneuz ne pût empê-cher, que ce Parlement ne rendit le célèbre Arrêt du 18. Novembre 1540. (b) par lequel non feulement plufieurs Hérétiques furent condamnez au feu par contumace ; mais encore leurs femmes, & enfans, qui n'avoient jamais été citez, ni entendus, furent ban-nis du Royaume, & tous leurs biens confifquez. Et comme on fupofoit, que le lieu de Mérindol fer-voit de retraite à toutes les perfonnes foupçonnées de mauvaife doctrine, l'Arrêt ajoûta, que toutes les maifons de ce Village, comme auffi le Château, & quelques Forts des environs, feroient démolis, & rafez, les bois coupez à deux cens pas à l'entour, & le lieu rendu inhabitable.

Chaffeneuz ne confentit à figner ce terrible Arrêt, que dans l'efpérance d'en éluder l'exécution, la-quelle n'étoit pas aifée à faire, à moins que d'en venir aux armes. Les Hiftoriens demeurent d'accord, (c) que ce fut lui feul, qui l'empêcha. Mais en lui en attribuant la gloire, ils en raportent une caufe fi ridicule, (d) que je ne puis m'empêcher d'en faire voir la fauffeté.

Ils racontent, qu'après cet Arrêt rendu, un Gen-tilhomme d'Arles, nommé le Sieur d'Alenc, àmi de Chaffeneuz, (il s'apelloit Jacques de Rainaud, Sr. d'Alenc, ainfi que je le tiens de M. le Préfident de Mazaugues) s'entretenant avec lui de ce Jugement, qui lui paroiffoit trop rigoureux, le pria de fe fou-venir, qu'autrefois étant à Autun, dans un tems, où quelques Villages de l'Auxois demandoient, qu'il plût au Juge d'Eglife d'excommunier les rats, qui défoloient leur Pays, il avoit pris la défenfe de ces animaux, & remontré que le terme, qui leur avoit été donné pour comparoître, étoit trop court ; d'autant plus, qu'il y avoit pour eux du danger de fe mettre en chemin ; tous les chats des Villages voifins étant aux aguets, pour les gober en paffant. Sur quoi en effet Chaffeneuz avoit obtenu, qu'ils fe-roient citez de nouveau, avec un plus long délai pour venir répondre. Et cet exemple, dit-on, rapellé à propos dans la mémoire de ce Magiftrat, le toucha fi fort, que depuis ce tems il mit tout en œuvre, pour faire donner aux Habitans de Mérindol le loifir de fe reconnoitre.

Si l'on remonte à la fource de ce beau conte, on la trouvera dans un Livre imprimé à Geneve en 1570. fous ce Titre : *Hiftoire des vrais témoins de la vérité*, &c. & plus connu fous le nom de *Martyrologe des Proteftans.* L'Auteur y (e) racontant l'affaire de Mé-rindol, & de Cabriéres, fait au long mention de cette prétenduë converfation du Sieur d'Alenc, avec le Premier Préfident de Provence. Mais il eft aifé de faire voir, que cet Auteur trop crédule a pris pour une vérité, une plaifanterie, qu'il avoit oüi-dire, fans daigner s'en informer plus exactement.

Car, 1º. ce n'eft point dans fon *Catalogue de la Gloire du monde*, comme on le fupofe, que Chaffe-neuz a parlé de ces fortes d'excommunications : mais dans le premier de fes Confeils. 2º. Il n'y eft point queftion de rats ; mais de certaines mouches, qui détruifoient les raifins, aux environs de la Ville de Beaune. Et quoique cette différence paroiffe peu importante pour le fonds, cela prouve toujours la négligence de ceux, qui ont décrit cette hiftoire. 3º. Et ceci eft décifif, Chaffeneuz n'y prend point la défenfe des animaux, qui gâtent les fruits de la terre. Au contraire, après avoir examiné, peut-être trop férieufement, la validité de la procédure, qu'on faifoit de fon tems contre eux dans les Offi-cialitez, il foutient qu'elle eft légitime, & qu'on eft en droit de les excommunier ; fans qu'on trou-ve en la Confultation la moindre chofe fur le délai, qu'on doit leur donner, pour comparoitre en Juftice.

Il eft donc vifible, que cette fable a été inventée à plaifir, & il eft furprenant que nos Hiftoriens, fe copians les uns les autres, l'ayent tous adopté fans examen. Mr. de Thou paroit fur tout être un peu defcendu de fa gravité par les embelliffemens, qu'il a donné à cette hiftoriette ; & comme il avoit fans doute en main les Ouvrages de Chaffeneuz, il eft moins excufable qu'aucun autre, de s'en être laiffé impofer fur un fait de cette nature.

Non feulement Chaffeneuz n'aprouva jamais l'Ar-rêt terrible du Parlement d'Aix contre ceux de Mé-rindol ; mais il témoigna fur cela tant de fermeté, que de l'aveu des Hiftoriens de Provence, (f) quoi-que les Eccléfiaftiques de cette Province, & particu-liérement les Archevêques d'Aix, & d'Arles, offriffent de faire les frais néceffaires pour l'exécution de cet Arrêt, on ne pût y parvenir, tant que vécut ce grand homme.

Ce fut lui vrai-femblement, qui manda à la Cour, ce qui s'étoit paffé en cette affaire, & qui obtint du Roi François I. les Lettres Patentes (g) du 8. Fe-vrier 1540. par lefquelles il accorda un pardon gé-néral à tous ceux, qui avoient été condamnez par l'Arrêt ; pourvû que dans trois mois ils abjuraffent leurs dogmes. Auffi-tôt les Habitans de Mérindol envoyérent à Aix deux Députez, pour demander qu'il plût au Parlement de faire informer de leurs erreurs, & de les leur faire connoitre. Chaffeneuz les ayant mandez, leur remontra, (h) qu'il étoit inutile d'informer de ces erreurs, qui étoient toutes notoires ; les exhortans à y renoncer, & à ne pas obliger le Parlement à procéder contre eux en toute rigueur. Que cependant ils pouvoient donner leur Confeffion de foi, fur laquelle il feroit pourvû. Ils le firent en effet par leur Requête du 7. Avril 1541. qui contenoit grand nombre d'Articles.

Mais, pendant qu'on les examinoit, tant en Pro-vence, qu'à Paris, où l'on les avoit envoyez au Roi, la mort emporta Chaffeneuz. Tous les Hiftoriens conviennent, (i) que fa mort fut précipitée ; & l'un d'entr'eux, (k) qui a écrit l'Hiftoire de la Ville d'Aix, affure qu'il mourut empoifonné avec un bou-quet de fleurs. Il ne nous aprend pas, d'où ce coup lui vint. Mais il y a lieu de foupçonner, que ce fut l'effet de la haine, que conçûrent contre lui ceux,

---

(a) Mr. de Thou, *Hiftor. Tom.* 1. *Lib* 6. pag. 189. *éd. Genev.* Bouche, Hift. de Provence, Tom. 2. pag. 614. & fuiv.

(b) Bouche, *ibid.* pag. 611. & plufieurs autres.

(c) Bouche, *ibid* pag. 614. Pitton, Hift. d'Aix, pag. 528. M. de Thou, au lieu cité, pag. 187. 188. 189. &c. Bèze, Hift. Ecclefiaft. Tom. 1 pag. 37. 38.

(d) La Popeliniere, Hift. de France, Liv. 1. fol. 55. Mr. de Thou, au lieu cité en l'Art. précédent. Bouche, *ibid* pag. 611. & une infinité d'autres.

(e) Martyrologe des Proteftans, Liv. 2. fol. 119.

(f) Mêmes preuves qu'à la page précédente, lettre (c)

(g) Martyrologe des Proteftans, Liv. 2. fol. 115. 116. Mr. de Thou, & Bouche, aux lieux citez.

(h) Martyrologe des Proteftans, *ibid.* M. de Thou, & Bouche.

(i) La Popeliniere, fol. 26. M. de Thou, au lieu cité, pag. 189. & autres.

(k) Pitton, pag. 528. M. Louvet, *Hift. des Troubles de Provence, Tom.* 1. p. 455.

qui étoient si fort acharnez à la ruine des Habitans de Mérindol, & qui peu après firent joüer contre eux cette sanglante tragédie, dont les suites ont fait tant de bruit.

Pour le tems de la mort de Chasseneuz, il n'est marqué précisément nulle part. L'on sçait seulement, (a) qu'il assista encore, comme Commissaire du Roi, aux Etats de la Province, dont l'ouverture se fit à Aix le 10. Janvier 1541. L'on sçait de plus, qu'il vivoit encore, lorsque les Habitans de Mérindol présentérent au mois de Fevrier suivant les Articles, dont il a été parlé ci-dessus. Ce fut donc vraisemblablement vers le 15. d'Avril suivant, que mourut ce grand Magistrat. Car on voit dans un endroit des Mémoires manuscrits de M. d'Agut, Conseiller au Parlement, que je tiens de M. le Président de Mazaugues, que le 19. du même mois d'Avril l'Avocat Général Garçonnet fut annoncer à sa Compagnie la mort de Chasseneuz. Mais je n'ai pû sçavoir, où il avoit été inhumé, ni si on avoit mis quelque Epitaphe sur son tombeau.

Il me reste à parler de sa famille, & de ses Ouvrages. Ceux, qui en ont fait mention, (b) & même les Compatriotes, (c) ont été peu exacts sur ces articles.

Chasseneuz n'a eu qu'une femme, sçavoir cette Pernelle, ou Petronille Languet, dont il a été fait mention ci-dessus, & qui lui survécut. (d) Il en eut un fils, & deux filles.

Le fils, nommé Artus, (e) fut Conseiller au Parlement de Dijon, & mourut assez jeune le 4. Mai 1560. (f) après avoir exercé cette Charge pendant cinq ans seulement. Palliot, en son Histoire de ce Parlement, le nomme mal, *Artus de Chassaigne*. Il fut marié deux fois; la première, à Eugéne Gueniot, & la seconde, à Marguerite Barjot. (g) Il ne laissa point d'enfans de cette derniére. Mais il en eut deux de l'autre; (h) Barthelemi, qui mourut sans postérité, & Jeanne, qui fut mariée à George Venot, (i) Avocat à Autun.

La fille ainée du Président de Chasseneuz, nommée Anne, (k) épousa en 1531. Hugues d'Arlay, (l) lequel sur la résignation de son beaupere fut pourvû la même année de la Charge d'Avocat du Roi au Bailliage d'Autun, & mourut neuf mois après. Dans l'Epitre dédicatoire, qui est au-devant de la premiére Edition des Conseils de Chasseneuz, & qui parut à Lyon en 1531. on voit que ce fut Hugues d'Arlay, qui en prit soin. Il y est apellé *Leduvensis Sequanus*. D'où nous aprenons, qu'il étoit de Lons-le-Saunier en Franche-Comté. Il laissa de son mariage un fils nommé Barthelemy, (m) dont la postérité subsiste encore, & a fourni des Officiers au Parlement, & à la Chambre des Comptes de Dijon. M. Loüis-Marie-Nicolas d'Arlay, qui est de ce nombre, exerce aujourd'hui avec honneur une Charge de Conseiller en la premiére de ces Compagnies.

Phelipote de Chasseneuz, sœur puinée d'Anne, fut mariée à Pierre Garnier, Elû d'Autun, & n'en eût qu'une fille, Pernelle Garnier, qui épousa Loüis des Places, dont il reste encore des descendans dans la même Ville. L'un d'eux étoit feu Me. Jean des Places, Lieutenant en la Chancellerie d'Autun, lequel en l'année 1711. non seulement me communiqua les Piéces, qui prouvoient la Généalogie, dont je viens de parler, mais de plus me fit présent d'un portrait original du Président de Chasseneuz, sur lequel on voit ses Armoiries, qui étoient d'azur, coupé d'or, au Lyon sur le tout, coupé de l'un en l'autre, avec cette devise: *Fi omnia sine fraude*.

Pour ce qui est des Ouvrages du Président de Chasseneuz, voici le catalogue de tous ceux, qui sont venus à ma connoissance; outre le petit Commentaire sur la Coutume du Duché de Bourgogne, qui a été imprimé sous le nom de Celse-Hugues Descousu, dont j'ai parlé en la Vie de ce dernier, où j'ai fait voir la part, qu'y avoit Chasseneuz.

Consuetudines Ducatus Burgundiæ, Bartholomæi à Chassanæo Commentariis illustratæ. 4°. *Lugd. Vincent* 1517. Item *Parisis, apud Galeot. à Prato* 1528. Item ibid. apud Fr. Regnaud. 1534. 4°. Item Lugduni 1535. 4° & 1543. in fol. apud Anton. Vincent. Il y a eu depuis un grand nombre d'autres Editions, dont la derniére est de Genève, 1649. in Fol. Les Auteurs de la Bibliothèque des Coutumes, pag. 102. prétendent que la plus recherchée est celle, qui parut à Genève chez Choüet en 1632. in 4°. parce que les Notes de Du Moulin sur cet Auteur se raportent aux pages de cette Edition.

Ejusdem Catalogus Gloriæ Mundi. Fol. *Lugduni, De Harsy*, 1529. en très beaux caractéres Gothiques. Et Fol. *Francofurti, Feyerebend*, 1579. Cette Edition est beaucoup moins correcte, que la première.

Ejusdem Consilia. Fol. *Lugduni, Vincent*, 1531. en lettres Gothiques. Et Fol. ibid. apud Anisson. 1638. Dans la Préface de la première Edition, qu'on a mal à propos retranchée dans la suivante, on assure, qu'on avoit pris soin de n'inserer dans ce Recueil aucune Consultation, qui n'eût été suivie d'un Arrêt conforme. *Consilia nulla*, y est-il dit, *in hoc collegium sunt recepta, secundùm quæ à summis illis Galliæ Tribunalibus judicatum non fuerit*. C'est une observation très-importante. Mais je doute que ce témoignage soit bien certain. J'ai marqué plus haut le cas, que Pancirole, Jurisconsulte célèbre, faisoit de ces Consultations.

Epitaphes des Rois de France, qui ont regné depuis le Roi Pharamond, jusques au Roi François I. de ce nom, avec les Effigies portraites au vif, &c. augmentées de métres en Latin, composez par scientifique personne Monsieur Maître Barthelemi Chasseneuz, Docteur en chacun Droit, & Président de Digeon, 12. imprimées nouvellement par *Jean Mentele, aliàs de Vaten, Libraire demeurant à Bourdeaux*. sans date. Le P. le Long, en sa Bibliothèque des Historiens de France, n°. 10879. fait mention de cet Ouvrage, qu'il attribue tout entier mal à propos à Chasseneuz. Les Epitaphes, qui sont en vers François, ont été imprimées à Poitiers in 4° en 1531. sous le nom de Jean Bouchet, qui en est le véritable Auteur. Ainsi il n'y a de Chasseneuz, dans l'Edition, dont il s'agit, que les vers Latins, qui sont tous des Distiques, à l'exception des vers fait en l'honneur de François I. lesquels sont au nombre de dix.

Voila les seuls Ouvrages de Chasseneuz, qui ayent été publiez. Il en avoit cependant projetté quelques autres. Il nous aprend lui-même, (n) qu'il avoit fait un Commentaire sur le Concordat, & des Remarques (o) sur celui de Guillaume Benedicti, sur le Chapitre, *Raynutius*, au Titre des Decrétales, *De Testamentis*. Il paroit aussi par ce qui est dit à la fin du Recueil de ses Conseils de la première Edition,

---

(a). Bouche, Hist. de Provence, Tom. 2. pag. 596. & 612.

(b) Pitton, pag. 528. Et Louvet, *loc. citat.*

(c) Jean Munier, en ses Recherches pour l'Hist. d'Autun, Part. 3. pag. 59.

(d) Recueils manuscrits de Palliot, Tom. XII. fol. 251.

(e) Régistres du Parlement de Dijon.

(f) Mêmes Régistres.

(g) Arrêt du 8. Juillet 1560. tiré des Régistres du Parlement.

(h) Recueils manuscrits de P. Palliot, Tom. XI. fol. 60. & 417.

(i) Jean Munier, au lieu cité.

(k) Palliot, *ibid* & Mr. de la Marc, *en la Vie d'Hubert Languet, pag. 2. 3.*

(l) Chasseneuz, en sa Coutume, *Rubr.* 4. §. 7. *Verb.* Si ce n'est du consentement, n. 14.

(m) Cela paroit par un Arrêt du 8 Juillet 1560. que j'ai vû dans les Régistres de nôtre Parlement.

(n) Chasseneuz, *Catalog. Glor. Mundi, Part.* 7. Consi. 48.

(o) Le même, *in Consuet. burg. Rubr.* 6. §. 3. *in princip.* n. 10.

qu'il se préparoit à en donner beaucoup d'autres.

Taisand (*a*) lui attribué encore un Dictionnaire de Droit, que ce Président cite quelque part, (*b*) sous le nom de *Monologium*. Mais c'étoit aparemment le nom, qu'il donnoit à ses Recueils de Jurisprudence, & qu'il n'avoit pas sans doute dessein de rendre publics.

Pitton, (*c*) & Munier lui ont aussi attribué un Traité, *De Clausulis*; un autre, *De Viris Illustribus*, & des Remarques sur les Ordonnances. Mais sans aucun fondement.

Ce seroit ici le lieu de donner un jugement exact des Ouvrages de Chasseneuz; & sur tout de son Commentaire sur la Coutume de Bourgogne, qui est le plus considérable de tous. Mais cela nous méneroit trop loin. Il suffira de dire, que pour en bien juger, il faut se raprocher du siécle, où il écrivoit, & entrer dans le goût des plus fameux Jurisconsultes de ce tems-là. Contents d'instruire leurs Lecteurs, ils n'avoient aucune attention à polir leur stile. Pleins d'une déférence aveugle pour leurs Maîtres, ils ne songeoient qu'à entasser autoritez sur autoritez : & le raisonnement avoit peu de part à leurs décisions. Par cette manière d'écrire, non-seulement les Docteurs Ultramontains, mais aussi les plus estimez d'entre les nôtres, comme Guy Pape, Boyer, Bertrand, Tiraqueau, & plusieurs autres, avoient mérité les aplaudissemens de tous les Sçavans. Faut-il donc s'étonner, que Chasseneuz ait suivi la même route ? Si depuis ce tems-là l'on a recherché davantage les beautez de l'élocution; si l'on a banni des Livres de Jurisprudence cette foule d'autoritez inutiles; si l'on a enfin trouvé une manière plus simple, & plus sûre d'éclaircir les questions de Droit, & de Coutume, cela ne doit point diminuer le mérite de ceux, qui ont défriché ce champ plein d'épines, & qui nous ont frayé le chemin à une plus grande perfection.

De ce nombre a été constamment Chasseneuz, auquel on a l'obligation d'avoir été l'un des premiers, qui ait entrepris d'éclaircir le Droit Coutumier de France, & de le concilier avec le Romain. C'est sans doute ce qui l'a rendu souvent incertain, & timide, quand il a été question de décider. Reproche, que bien des gens lui font aujourd'hui, sans considérer, que c'étoit un effet de sa modestie, & que d'ailleurs il n'étoit pas secouru de cette prodigieuse quantité d'Arrêts, qui ont été rendus depuis sur toutes sortes de matiéres, & qui ont fixé l'incertitude de la Jurisprudence Françoise sur la plûpart des difficultez.

Une marque certaine du cas, qu'on faisoit de son Commentaire, résulte non seulement de la multitude extraordinaire d'Editions, qu'on en a faites, & qui passe le nombre de vingt ; mais encore de la peine, que prit le célébre Charles Du Moulin, de le revoir d'un bout à l'autre (*d*) & d'y faire des Apostilles pareilles à celles, qu'il a faites sur quelques livres d'Alexandre, & de Decius. Cet Ouvrage posthume n'a paru qu'en 1681. dans la derniére Edition des Oeuvres de Du Moulin, & il seroit à souhaiter, qu'on pût en donner une plus correcte de ces Notes, & les joindre au Commentaire même de Chasseneuz, qui par là deviendroit plus utile. Quoique les lumiéres supérieures de Du Moulin lui donnent souvent lieu de reprendre son Auteur, & quelques fois même un peu amére-

ment, il ne laisse pas de lui rendre en d'autres endroits la justice, qui lui est dûë, & de l'apeller (*e*) *virum peritissimum.* Ce qui n'est pas un petit éloge de la part d'un homme, qu'on sçait avoir été fort peu prodigue de loüanges.

L'Illustre Président de Thou (*f*) a donné à Chasseneuz, l'épithète de *magni nominis Jurisconsultus.* Pontanus, dont les Commentaires sur la Coutume de Blois sont si estimez, l'a apellé (*g*) *hominem, ut eruditissimum, ita & celeberrimum Juris interpretem.* Le sçavant Charles Loyseau (*h*) n'a pas fait non plus difficulté de dire, *qu'il a été l'un des plus grands personnages de son tems*; & il me seroit aisé de citer une infinité d'autres témoignages, qui ne lui sont pas moins honorables.

Le seul André Tiraqueau en a parlé en plusieurs endroits de ses Ouvrages d'une manière désavantageuse. Mais il est bon d'être en garde contre des sentimens, que la colére avoit inspirez à ce docte, & lanotieux Magistrat. La première Edition de son Livre, *De Legibus connubialibus*, ayant paru peu après celle du Commentaire de Chasseneuz sur la Coutume de Bourgogne, (*i*) il en avoit critiqué deux, ou trois endroits. Quoiqu'il l'eût fait avec assez de modération, il y a aparence que Chasseneuz n'en fut pas content. Car dans son Catalogue de la Gloire du monde, (*k*) qu'il publia quelques années après, il accusa Tiraqueau, d'avoir pillé certains Chapitres de Cœlius Rhodiginus, sans le nommer : *à quo multà transtulit Tiraquellus, illum tamen tacendo.*

Il n'en fallut pas davantage, pour échauffer la bile de Tiraqueau, qui depuis ce tems ne perdit pas une occasion de censurer Chasseneuz. Il le railla particuliérement, (*l*) d'avoir expliqué *Archianum*, par *Officiarum Palatii Principis.* La faute étoit en effet évidente. Mais elle étoit excusable dans un homme, qui non plus que Luc de Penna, dont il l'avoit copiée, ne sçavoit pas le Grec, & qui écrivoit dans un tems, où cette Langue commençoit à peine d'être cultivée en France.

Tiraqueau lui fit encore deux reproches. (*m*) L'un, d'avoir dérobé beaucoup de choses dans son Livre, *De Legibus connubialibus*, pour les inférer au Catalogue de la Gloire du monde, sans en avertir le Lecteur. L'autre, d'avoir fait quelques changemens dans les derniéres Editions de sa Coutume, sur ce qu'il avoit lû dans le même Ouvrage de Tiraqueau, sans daigner en faire mention.

Mais pour ce dernier point, il est aisé de deffendre Chasseneuz. Car il se peut faire, que de lui-même il eût changé de sentiment. Et pour l'autre chef d'accusation, il auroit falu le circonstancier un peu davantage ; comme le lui soutient en termes un peu vifs, un certain Jean Ennelanus de Châlon, dans une Préface Apologétique, qu'il mit au-devant du Commentaire de Chasseneuz, de l'Edition de 1535.

A la vérité Tiraqueau dit dans un de ses derniers Ouvrages, (*n*) qu'il étoit prêt de le faire, lorsqu'il aprit la nouvelle de la mort de Chasseneuz, laquelle lui fit tomber la plume des mains. Peut-être auroit-il eu peine à exécuter cette menace. Ce qu'il y a de sûr, c'est que cette mort, en terminant leur querelle, fit sortir de la bouche de Tiraqueau lui-même ce bel Eloge, que Chasseneuz avoit été un sçavant homme, & un

---

(*a*) Taisand, *Vies des Jurisconf. p. 124. premiére édit.*
(*b*) Chasseneuz, *in Dict. Consuet. Rubr. 4. §. 7. Verb. Per testament. n. 7.*
(*c*) Pitton, & Munier, aux lieux ci-dessus citez.
(*d*) Dans la Préface, qui a été mise au-devant des Oeuvres de Du Moulin, où ces Apostilles ont été insérées, il est dit qu'il les avoit ajoutées sur son exemplaire de l'édition de 1523. Mais il n'y en a point eu de cette année la. Ainsi il faut corriger 1528. dans cet endroit.
(*e*) C'est en sa Note sur la Coutume de Chasseneuz, *Rubr. 11. §. 2. in princ. n. 6.*
(*f*) M. de Thou, *Hist. Lib. 6. Tom. 1. pag. 187. édit.* Genev.
(*g*) Pontanus, *sur Blois, l'art. 2. p. 241.*

(*h*) Loyseau, en son Traité des Ordres, Chapitre 1. n. 39.
(*i*) V. ce qu'en dit Tiraqueau, *De Retract. gentil. §. 1. Glos. 9. n. 7.*
(*k*) Part 2. Consid. 22. in fin.
(*l*) Tiraqueau, *De Nobilitate, cap. 31. n. 18.*
(*m*) Au lieu ci-dessus, lett. *I.* V. aussi le Dict. de Bayle, en l'Art. de Tiraqueau. Et Tiraqueau lui-même, *De Legib. Connub.* Gl. 1. Part. 1. n. 51. Part. 2. n. 43. 4. 45. 50. Part. 5. n. 14. 15. Part 7. n. 8. 19 66. Part. 9. n. 135. Part 11. n. 28. Part. 12. n. 8. Part. 13. n. 41. Part. 15. n. 105. & Gl. n. 5
(*n*) Tiraqueau, au lieu cité ci-dessus, *Lett. I.*

honnête homme : *hominis , aliàs docti , & ut ab aliis audivimus , probi.*

On a encore accusé ce Président (*a*) d'avoir pillé le Commentaire de Matthæus de Afflictis sur les Constitutions de Naples. Mais c'est sans raison légitime, ce me semble. Il est vrai que ce Commentaire ayant paru depuis les premières Éditions , que Chasseneuz avoit données de son Ouvrage sur notre Coutume, il jugea à propos d'enrichir les suivantes de plusieurs additions curieuses, qu'il avoit tirées du Livre de ce sçavant Italien. Il fit le même usage des Commentaires de Boyer, de Sainxon, & de Pyrrhus d'Englebrme sur les Coutumes de Bourges, d'Orleans, & de Tours, & des Conseils d'Étienne Bertrand. Mais bien loin de s'en cacher, il nous aprend lui-même ingénuëment ce fait en ces termes. (*b*)

Anno Domini 1519. nonnullas additiones ad has meas Consuetudines , ex dictis Boërii, Sanxonis, & Pyrrhi Commentariis , quos usque in anno Domini 1518. non viderant , feci ; secundùm quòd videri potest in illis. Etiam hoc anno Domini 1531. me existente in hac civitate Parisiensi , inveni Matth. cum de Afflicti , Consilia, & Practicam causarum crimin. lium Hyppoliti de Marsiliis, & Consilia Bertrandi, ex quibus multa addidi ad hæc nostra Commentaria ; & maximè ex dictis Matthæi de Afflictis , quæ sunt satis utilia in practica. Aussi ne manque-t-il jamais de citer ces Auteurs, quand il en tire quelque chose.

Il se défendit de la même manière (*c*) contre un pareil reproche, qui lui avoit fait le nommé Jean le Cyrier, en certain endroit de son Traité, *De Primogenitura*, duquel il se plaint amerement. Mais cela ne vaut pas la peine de s'y arrêter.

Une chose, sur laquelle on auroit plus de peine à le justifier , c'est sur ce qu'à l'égard de plusieurs questions, que lui ont paru douteuses, au lieu de chercher à les résoudre par des principes solides, il a donné à entendre, que c'étoient de ces cas, où le Juge pouvoit se déterminer en faveur de son ami : *Casus pro amico.* A la verité ce n'est pas le seul des Interprétes de Droit, qui ait parlé de la sorte. Mais cette façon de penser a été justement condamnée par les gens sensez. Je me contenterai de raporter ici ce qu'a dit à ce sujet un sage Jurisconsulte : (*d*) *Sunt aliqui casus adeo ambigui , ut credant Doctores , illos posse decidi , ut Judici placet , vocantque casus pro amico. Ego autem tales casus dico vocandos , casus pro Diabolo. Neque enim in judiciis amici persona consideranda est.*

J'ai marqué plus haut, que Nicolas Boyer, sçavant Président du Parlement de Bordeaux , avoit donné à Chasseneuz plus d'un témoignage de son estime, & particuliérement en lui dédiant l'un de ses Ouvrages. J'ai reconnu encore, qu'un certain Jean-Nicolas d'Arles lui avoit pareillement dédié la nouvelle édition, qu'il fit faire, je ne sçais où, du Traité de Gonsalve de Villadiego, *De Hæreticis*, comme il paroit par son Epitre dédicatoire, laquelle a été conservée dans une troisiéme édition de ce Traité, qui fut imprimée en 1587. à Francfort avec plusieurs autres Pratiques criminelles.

Je finirai en observant, que plusieurs personnes ont tâché de recüeillir les circonstances de la Vie du Président de Chasseneuz. Outre Pitton, & Munier, que j'ai déja citez plusieurs fois à son sujet, Pancirole a fait mention de lui dans son livre, *De claris Legum interpretibus.* Morery en a aussi parlé dans son Dictionaire Historique. Mais les uns , & les autres ont été peu instruits sur son chapitre , & encore moins exacts. Dans le Catalogue des Historiens de Bourgogne, composé par feu M. de la Mare , *pag.* 69. il a fait état de Mémoires manuscrits, qu'il avoit de la Vie de ce Président. Mais en ayant eu communication , j'ai trouvé que c'étoit si peu de chose, qu'ils ne méritoient pas le titre, qu'on leur a donné. Aussi ne m'ont-ils été d'aucun secours. A l'égard de l'Eloge de Chasseneuz, que le P. Niceron a inséré dans ses Mémoires, on peut voit ce que j'en ai dit dans une Note, au commencement de cette Vie.

(*a*) Simon Van Lewen , *Prolegomen. in Censur. Forens.* p. 16.

(*b*) Chasseneuz , *in Consuet. Burgund. Rubr.* 3. §. 2. *in princip. n. ult.*

(*c*) Le même , *Dict. Rubr.* 3. §. 5. *in fin. &* §. 6. *in fin.*

(*d*) Anton. Thesaurus, *Præfat. in Decison. n.* 32.

JEAN BÉGAT.

QUelque soin, que Pierre Palliot , (*a*) le P. Jacob, (*b*) & en dernier lieu M. Bayle , (*c*) ayent pris de conserver la mémoire de Jean Bégat, le peu de connoissance , qu'ils ont eu des principales circonstances de sa vie, m'engage à les ramasser ici, & à tâcher de mieux faire connoître un homme, qui a tant fait d'honneur à nôtre Province.

Il étoit fils de Nicolas Begat, Avocat du Roi au Bailliage de Châtillon-sur-Seine, & qui porta (*d*) cette Charge depuis 1504. jusqu'en 1528. il faut que ce fût un homme d'un mérite distingué : puisqu'il fut l'un de ceux, (*e*) que le Parlement de Dijon, suivant l'usage de ce tems-là, proposa au Roi le 11. Juin 1521. pour remplir la place d'Avocat Géneral, vacante par la mort de Jean de Loisse.

De Françoise Agneau (*f*) sa femme il eut Jean Bégat , lequel , à cause de sa mere, si je ne me trompe, changea dans la suite les Armoiries de celles de la Famille des Agneau, (*g*) & joignit leur surnom au sien; soit pour se distinguer d'Edme Bégat, Conseiller au Parlement de Dijon, son frere d'un premier lit, comme je le crois, soit pour quelque autre raison. Celle d'adoption dans la famille des Agneau, que propose Palliot , (*h*) ne me paroit pas vraisemblable. Car cette famille a subsisté encore long-tems après la mort de Jean Bégat : lequel d'ailleurs n'en prenoit point le surnom dans les actes, comme dans le contrat de mariage d'Anne Bégat sa fille, que j'ai vû, ni dans les Provisions des Charges de Conseiller, & de Président, qui se trouvent dans les Régistres du Parlement.

Il naquit (*i*) en la Ville de Dijon environ l'an 1523. Je ne puis dire en quels lieux, ni sous quels Maitres il fit ses études. Les Ecrits qu'il a laissez, nous aprennent seulement, qu'il avoit acquis une connoissance exacte des Langues Grèque, & Latine, & des belles Lettres; mais que son aplication se tourna principalement du côté de la Jurisprudence, dans laquelle il a excellé.

Bien différent de ceux, qui aportent au Barreau des études crües, & mal digérées, il n'y parut, qu'a-

(*a*) Hist. du Parl. de Dijon , pag. 77.

(*b*) En son éloge de Jean Bégat, mis au-devant de la Coutume de Bourgogne, imprimée à Châlon, chez Cusset, 4°. 1652. & 1665.

(*c*) Diction. Critique, au mot , *Bégat.*

(*d*) Vérifié sur les Comptes des Receveurs du Bailliage de Châtillon desd. années 1504 & 1528. qui sont en la Chambre des Comptes,

(*e*) Régistres du Parlement.

(*f*) Manuscrits Généalogiques de P. Palliot , Tom. xi. fol. 75.

(*g*) Le même , Hist. dudit Parlement , pag. 77. 78. 79.

(*h*) Ibid. pag. 79.

(*i*) Bégat en sa Réponse pour les Députez des Etats, §. 8. se dit natif de la même Ville, dont étoit S. Bernard, qui naquit à une demie lieuë de Dijon.

près avoir pendant plusieurs années formé son jugement par la méditation, & ne se fit recevoir Avocat au Parlement de Dijon, (*a*) qu'à la fin de 1547.

Aussi ne tarda-t-il pas à y recevoir les aplaudissemens, dûs à un mérite du premier ordre. Julien Tabouet, Procureur Général au Parlement de Chambéry, & célèbre par ses disgraces, (*b*) parlant d'un Plaidoyé, qu'il entendit faire à Jean Bégat en 1550. l'apelle *primi nominis Advocatum*. Charles Fevret, illustre Avocat au même Parlement, en son Dialogue, *De claris Fori Burgundici Oratoribus*, (*c*) racontant ce qu'il avoit oüi dire aux Anciens du Barreau, convient à la vérité, que l'éloquence de Jean Bégat n'avoit pas encore atteint à cette perfection, qui n'étoit pas encore connuë en France de son tems. Mais il assure néanmoins, que le premier de cette Province, qui sçût joindre à une érudition profonde en tout genre, de la politesse dans la diction, & de l'ornement dans le discours.

Une preuve certaine de la grande confiance, qu'on avoit désiors en son habileté, c'est que, quoique les Elûs des Trois Etats de la Province eussent des Conseils ordinaires, choisis parmi les plus habiles Avocats de Dijon, ils ne laissoient pas de consulter très-souvent Jean Bégat, comme on le voit par leurs Régistres. J'y trouve même que le 7. Février 1551. ils le députérent à la Cour, pour y aller soliciter un grand nombre d'affaires importantes, & sur tout la révocation d'une Déclaration du Roi, par laquelle les Francs-Comtois étoient réputez Aubains en France. Il acquit beaucoup d'honneur en cette Commission; & ayant eu celui d'être entendu au Conseil Privé du Roi sur l'affaire du Droit d'Aubaine, il y obtint le 18. Avril 1553. un Arrêt portant, qu'il ne seroit rien innové sur ce point à l'égard des Peuples du Comté de Bourgogne. Le discours, qu'il fit à ce sujet, fut trouvé si beau, qu'on l'a conservé dans les Archives des Etats de la Province, & Jean Bacquet en a inféré le précis dans son Traité, du Droit d'Aubaine. (*d*)

Jean Bégat ne fut guére moins heureux dans toutes les autres choses, pour lesquelles il avoit été députe. En sorte que les Elûs des Etats, désirans reconnoître ses bons services, & ayans apris que pendant son séjour à Paris, il avoit été pourvû par le Roi d'une Charge de Conseiller Clerc au Parlement, quoiqu'il fût marié, & que d'ailleurs cette Charge eût été suprimée, ils écrivirent (*e*) le 8. Mai 1553. au Cardinal de Lorraine, & au Garde des Sceaux, pour lui faire avoir les Lettres de dispense nécessaires. Il les obtint en effet le 18. du même mois, & fut reçû en cette Charge le 9. Juin suivant.

Ceux, qui ont feüilleté les Régistres du Parlement, sçavent que depuis ce tems il y a eu peu d'affaires, tant soit peu importantes, où ce grand Magistrat n'ait eu bonne part, & peu de commissions difficiles, & honorables, dont il n'ait été chargé par ses Confréres. J'en raporterai seulement quelques exemples des plus remarquables.

En 1554. le Parlement eut de grands démêlez avec Lazare Morin, alors Procureur Général, tant au sujet de sa Religion, qui étoit suspecte, que parce qu'il se croyoit en droit de s'absenter, tant qu'il lui plaisoit, sans congé de sa Compagnie. Elle y avoit voulu mettre ordre par les voies ordinaires. Mais le Procureur Général y ayant mis obstacle, en récusant presque tous les Officiers du Parlement, ils prirent la pensée le 3. Juillet de cette année, de députer quelqu'un d'entr'eux, pour en aller porter les plaintes au Roi. (*f*) Jean Bégat, quoique des derniers reçûs, fut choisi pour cela, & répondit bien à

l'espérance, qu'on en avoit conçuë. Non seulement il obtint la même année un Arrêt du Conseil, (*g*) par lequel il fut défendu au Procureur Général de s'absenter de la Ville de Dijon, sans permission du Parlement; mais il fit si bien, que peu de tems après Lazare Morin reçut ordre du Roi (*h*) de se défaire de sa Charge.

Son mérite lui attira pendant ce voyage une grande marque de distinction de la part du Garde des Sceaux Bertrand. Car s'étant présenté au Conseil Privé une affaire de Droit public, & très-importante, le Garde des Sceaux fit l'honneur à Jean Bégat de l'y apeller, (*i*) & de prendre son avis. Honneur, fort rare dans tous les tems, & sur tout à l'égard de personnes aussi jeunes, qu'il l'étoit alors.

Le 6. Août 1558. (*k*) il fut encore député à la Cour par sa Compagnie, pour une autre affaire, qu'elle n'avoit pas moins à cœur, que la première. Les Elûs des Etats de la Province, songeans dès ce tems-là aux moyens de se soustraire à l'autorité du Parlement, avoient obtenu des Lettres Patentes du Roi, favorables à leurs vûës, & en poursuivoient l'enrégistrement avec vivacité. Jean Bégat fut chargé d'en poursuivre la révocation. Les conjonctures du tems ne lui permirent pas d'obtenir tout ce qu'il désiroit. Mais il obtint du moins, que le Procureur Général seroit oüi plus amplement sur la prétention des Elûs. Pendant cette poursuite il tomba malade à Paris au point, qu'il en pensa mourir; & sa santé n'étoit pas encore entiérement rétablie, lorsqu'il vint rendre compte à ses Confréres de sa commission à l'ouverture du Parlement.

Le fameux Edit du mois de Janvier 1561. obtenu par les Calvinistes, fournit un nouveau champ à la gloire de Jean Bégat. Ceux de cette Secte, enhardis par l'enrégistrement, qui avoit été fait de cet Edit au Parlement de Paris, demandoient la même chose en celui de Dijon, ou plûtôt vouloient l'y forcer. Les Elûs des Etats de Bourgogne, & les Maire & Echevins de Dijon, soutenus de l'autorité du Duc d'Aumale, Gouverneur de la Province, & du Seigneur de Tavanes son Lieutenant, s'y oposérent de toutes leurs forces. Le Parlement, après avoir oüi leurs remontrances, & y avoir mûrement délibéré, (*l*) résolut le 18. Avril 1561. que pour certaines grandes considérations, avant que de procéder à la publication de cet Edit, le Roi seroit averti par deux Députez de la Compagnie, des raisons, pour lesquelles cette publication seroit préjudiciable à ses intérêts, & à la sûreté des Villes de la Province, comme aussi de plusieurs séditions, & conspirations, qui avoient été découvertes, depuis que cet Edit avoit été aporté.

Le 4. Mai suivant, la Cour s'étant assemblée pour nommer ces Députez, Jean Bégat y fut *unanimement élû, & choisi*, (ce sont les termes du Régistre) & avec lui Guillaume Rémond, aussi Conseiller au Parlement, pour aller faire au Roi ces Remontrances. Jamais commission ne fut plus délicate. Non seulement il y étoit question, de s'opofer à une faction aussi puissante, & aussi dangéreuse, que l'étoit alors celle des Calvinistes; mais encore de combattre l'Ouvrage du Chancelier de l'Hospital, qu'on sçavoit être l'Auteur de cet Edit. Cela n'empêcha pas ces Députez de saisir cette belle occasion, de rendre un service signalé à la Religion, & à leur Patrie. Ils demandérent Audience au Conseil Privé; & Jean Bégat y porta la parole avec tant de force, & d'éloquence, que leurs Remontrances furent aprouvées, & la conduite du Parlement loüée par tout le Conseil. Le fait est trop mémorable, pour en laisser les

---

(*a*) Les Régistres de cette année sont perdus. Mais dans le Tableau des Avocats des années suivantes, J. Bégat se trouve inscrit immédiatement après Guillaume de Montholon, lequel en l'Enquête inférée au présent volume, pag. 102. dit qu'il fut reçû Avocat à la S. Martin 1547.
　(*b*) *Oration. Forenf.* pag. 28.
　(*c*) *Lib.* 1 pag. 25.
　(*d*) *Part.* 1. ch. 9.

(*e*) Régistres des Elûs.
(*f*) Régistres du Parlement.
(*g*) M. Bégat le raporte, *Decif.* 3.
(*h*) Palliot, Hist. dudit Parlement, pag. 347.
(*i*) M. Bégat, *Decif.* 34.
(*k*) Régistres du Parlement.
(*l*) Régistres du Parlement.

preuves ensevelies dans les Régistres de cette Compagnie, où la rélation de ces Députez est conçûë en ces termes :

Le 26. Juin 1562. les Chambres assemblées, Maîtres Jean Bégat, & Guillaume Rémond, Conseillers, faisans leur raport, sur la légation à eux commise au mois de Mai dernier, pour les Remontrances, que la Cour avoit conclu devoir être faites avant la publication de l'Edit du mois de Janvier dernier, ont dit, qu'après qu'ils ont été oüis au Conseil Privé, leur a été répondu, que le Roi se comentoit fort de la Cour, & qu'il n'étoit pas besoin publier ledit Edit, eu égard au tems. Et avoit été loüé le conseil, que la Cour avoit suivi ; de sorte que plusieurs des Seigneurs dudit Conseil Privé avoient usé de ces mots : Que ce Parlement se pouvoit vanter d'avoir conservé le dernier fleuron de la Couronne du Roi. *Pour témoignage de quoi lesdits Bégat, & Rémond ont présenté les Lettres du Roi, & celles de la Reine Mere, desquelles la teneur s'ensuit.*

Nós AMEZ ET FÉAUX, *Nous avons entendu, ce que nous ont dit de votre part vos Confrères, présens porteurs, du bon & prudent devoir, que vous avez fait pour empescher, que les affaires de delà ne passassent aux mêmes troubles, qu'ils sont en plusieurs endroits de notre Royaume, & connoissons par expérience, que vous y avez prudemment procédé. Qui est la cause que loüons grandement votre bonne considération, & les effets d'icelle, vous priant continuer, &c. Donné au Bois de Vincennes, le 16. de Juin 1562. Souscrites,* CHARLES, *& plus bas,* DE L'AUBESPINE.

Les Lettres de la Reine Mere, & du Cardinal de Lorraine, étoient écrites dans le même sens. Et pour faire voir, que Pierre de S. Julien, en les *Mélanges Paradoxales, pag.* 123. s'est mépris, quand il a dit, que le Chancelier de l'Hôpital parla fort vivement à Jean Bégat au sujet de ces Remontrances, voici comme ce Chancelier en écrivit au Parlement :

Messieurs, j'ai reçu les Lettres, que m'avez envoyées par vos Députez, & entendu les Remontrances, qu'ils ont faites sur le fait de leur commission, où ils ont très-bien fait leur devoir. Vous sçaurez par eux, ce qui en a été ordonné, pour le present. De ma part, je vous assure que je vous ferai toujours office de bon ami, &c. De Charonne, près Paris, ce 19. de Juin 1562. Signé, Votre bon frere, DE L'HOSPITAL.

La tranquilité, qui fut procurée par ce moyen à la Province de Bourgogne, ne fut pas de longue durée. Les Calvinistes ayant excité de nouveaux troubles dans le Royaume, & pris les armes de tous côtez, la nécessité des tems engagea le Roi, à leur acorder un nouvel Edit de Pacification au mois de Mars suivant, & à l'envoyer aussi-tôt au Parlement de Dijon, pour l'enrégistrer. Comme cet Edit acordoit aux Huguenots le libre exercice de leur Religion, il consterna extrêmement les Bourguignons, qui jusques-là avoient été préservez de ce mélange des deux Sectes. Les Etats de la Province étoient alors assemblez à Dijon. Ils résolurent de s'oposer à la publication de cet Edit ; & le 4. Mai 1563. (a) ils envoyerent au Parlement plusieurs Députez des trois Ordres, pour lui représenter, qu'ayant considéré les grands inconvéniens, qui étoient inséparables de cet Edit, ils étoient résolus d'en faire au Roi leurs très-humbles Remontrances : prians la Compagnie d'en faire autant de sa part, & cependant de surseoir la publication de l'Edit. Plusieurs opositions, tant de la part du Clergé, que de la Ville de Dijon, s'étant jointes à celles des Etats, le Parlement par Délibération du 7. du même mois de Mai, ordonna, que Jean Bégat *unanimement élu par toute la Compagnie,* (ce sont encore les termes du Régistre) iroit faire entendre au Roi les raisons, qui lui avoient fait différer la publication de l'Edit, laquelle seroit cependant surfise.

dant surfise.

Ce Député ne s'acquita pas avec moins de courage, & de force de cette nouvelle commission, que de la première. Le Président de Thou, qui s'est trompé en le regardant, comme un Député des Etats, en rend ce témoignage authentique : (b) *in Comitiis Burgundiæ Provinciæ, ex Ordinum sententiâ, decretum erat, ut contra libertatem conveniendi, Protestantibus Edicto concessam, apud Regem intercederetur, delegato ad id Begato, Senatore Divionensi, viro docto, qui & luculentâ oratione coram Principe habitâ, & Apologiâ publicè editâ, duas Religiones in eodem regno admitti non debere, & id ad Dei contumeliam pertinere, nec citra publicæ quietis detrimentum ferri posse, multis rationibus probare conatus est. Cui Apologiæ postea contrario scripto, itidem publicè edito, responsum est.*

Mais que peuvent les raisons au milieu des armes ? Le Conseil du Roi loüa la piété des Bourguignons, & le zéle de leur Député. Mais on lui répondit, qu'il faloit céder au tems, & publier l'Edit. Il eut beau insister, & soutenir avec fermeté les Priviléges de la Province, qu'il prétendit être blessez par cet Edit, & qu'il dit, que le Roi avoit juré d'observer. Ce fut en cette occasion, que le Chancelier lui répondit, ce que raporte Pierre de S. Julien, en l'endroit que j'ai cité, *qu'il n'apartenoit aux Sujets, d'agir contre leur Roi, ex sponsu, & que toutes conventions, de Princes Souverains avec leurs Sujets, ne les obligent, que tant qu'il leur plaira.* Jean Bégat, voyant que rien ne pouvoit faire changer cette résolution, retourna en Bourgogne ; & le 7. Juin 1563. il rendit compte à sa Compagnie des volontez du Roi (c) contenuës en la Lettre suivante.

NOS AMEZ ET FÉAUX, *Nous avons vû la Lettre, que vous Nous avez écrite par Me. Jean Bégat votre Confrere, & entendu, tant par sa bouche, que par le contenu aux Remontrances, qu'il a aportées par écrit, tout ce qu'il a eu à nous dire, & remontrer, sur le fait de la publication des Lettres Patentes par Nous expédiées, pour la pacification des troubles de notre Royaume, dont il nous a rendu fort bon compte, comme il en étoit bien instruit. Et pour ce que, plus nous mettions cette affaire en Délibération avec les Gens de notre Conseil Privé, plus nous trouvons de nécessaires, & importantes occasions, qui font pour la publication desdites Lettres, Nous vous mandons, commandons, & enjoignons, qu'incontinent après la présente reçûë, vous procédiez à la lecture, publication, & enrégistrement desdites Lettres, &c. Donné à Paris le 26. jour de Mai 1563. Signé,* CHARLES.

Jean Bégat fit en même tems un long détail au Parlement de tout ce qui s'étoit passé en sa députation, ajoutant, qu'il l'avoit rédigé en un Volume, écrit de sa main, lequel il montra, & dont il dit, qu'il laisseroit une copie à la Cour, pour perpétuelle mémoire. C'est grand dommage, que cette rélation se soit perduë. Nous avons seulement sa Remontrance, qui fut imprimée la même année à Anvers, chez Guillaume Sylvius, *in* 4°. & aplaudie de tous les Catholiques. Pierre de S. Julien, au lieu cité, (confondant néanmoins mal à propos ce discours avec celui, que fit Jean Bégat sur l'Edit de Janvier 1561. & qui n'a jamais été imprimé,) dit qu'il *y parla si bien, & si doctement, qu'autre Remontrance n'a été mieux reçûë de son tems.* Ce qui se peut juger parce qu'elle a été traduite en Latin, Italien, Espagnol, & Allemand. L'Auteur se plaignit, qu'elle avoit été publiée à son insçu, & peu correctement. Ainsi l'ayant revûë, & corrigée, & ajouté en marge les citations des passages, il l'envoya à la Reine Mere. (d) Ce fut sur cette nouvelle copie, que le même Imprimeur en fit peu après une seconde édition *in* 12. qui fut encore suivie d'une autre à Toulouse (e) chez Jacques Colomiés en 1565. *in* 4°. Cette Remon-

---

(a) Régistres du Parlement.
(b) *Historiar. Lib.* 36. *Tom.* 2. *p.* 294. *Edit.* 1620.
(c) Régistres du Parlement.
(d) M. Bégat. Réponse à l'Apologie de l'Edit de Pacification, §. 3.
(e) Draudius en fait mention, *Biblioth. Exotic. pag.* 97. Il a seulement corrompu le nom de M. Bégat, qu'il apelle *De Bezou.*

trance fut auſſi inſérée au Tome III. des Mémoires de Condé.

Cet écrit n'eut pas plûtôt paru, que quelque Calviniſte tâcha de le réfuter par un petit Livre, publié la même année, ſous le titre d'*Apologie de l'Edit du Roi pour la pacification de ſon Royaume, contre la Remontrance des Etats de Bourgogne.* Non ſeulement on y combatoit cette Remontrance; mais on y faiſoit paſſer les Bourguignons, & ſur tout leur Député, pour des déſobéïſſans aux ordres du Roi, & pour des Sujets rebelles. Rien n'étoit plus abſurde, que cette acuſation; puiſque les Officiers du Parlement, en déférant aux juſtes déſirs des Etats de la Province, n'avoient eu intention de ſurſeoir l'enrégiſtrement de l'Edit, que juſqu'à ce que le Roi, après avoir oüi leurs raiſons, leur eût déclaré ſes derniéres réſolutions. Et en effet, ils n'en furent pas plûtôt inſtruits, qu'ils obéïrent à ſes ordres, & ordonnérent la publication de l'Edit par Arrêt du 19. Juin 1563. malgré toutes les opoſitions, qui y furent faites.

Cependant Jean Bégat crut devoir ſur cela une juſtification à ſa Compagnie, aux Etats, & à lui-même. Ce fut la matiére d'un petit Livre *in 12.* intitulé: *Réponſe pour les Députez des trois Etats du Pays de Bourgogne, contre la calomnieuſe accuſation, publiée ſous le titre d'Apologie,* &c. Ce Livre fut imprimé ſans nom d'Auteur, ni d'Imprimeur, & ſans marquer la date de l'impreſſion. Mais le Préſident de Thou nous aprend, (a) qu'il étoit de Jean Bégat; quoique par une petite mépriſe, il ſupoſe, que ce Livre a précédé l'Apologie du Calviniſte. Du reſte, la traduction Latine de cette réponſe, qui a paru à Cologne en 1564. & dont il eſt parlé au Dictionnaire de M. Bayle, (b) fait voir, que l'original fut imprimé un peu auparavant. Mais il eſt ſurprenant, que M. Bayle, qui en avoit la traduction en ſa puiſſance, ait oſé avancer, que la Province de Bourgogne délibéra, dans une Aſſemblée de ſes Etats, qu'elle n'obéïroit point aux volontez du Roi. Sur quoi il fait une comparaiſon, auſſi odieuſe, que ridicule, de la conduite des Bourguignons envers Charles IX. avec celle des Anglois envers Jacques II. en 1688. S'il avoit pris la peine de jetter les yeux ſur cet écrit, il auroit reconnu, que les Bourguignons ne s'éloignérent en aucune maniére dans cette occaſion de la ſoumiſſion, qu'ils devoient à leur Souverain, & que leur Député, dans ſes deux diſcours, ne fit que repréſenter, avec autant de reſpect, que d'érudition, & de force, le danger extrême, qu'il y avoit de permettre le libre exercice de deux Religions dans un Etat.

L'expérience fit bien-tôt connoître, qu'il ne ſe trompoit pas. L'incompatibilité des deux Religions, & de ceux, qui les profeſſoient, fit naître un infinité de querelles dans tout le Royaume. La Bourgogne fut une des Provinces, où elles éclatérent le moins, par la ſage prévoyance du Seigneur de Tavanes, & des perſonnes, dont il ſe ſervit pour l'exécution de l'Edit de pacification.

Jean Bégat fut un de ceux, (c) qu'il y employa le plus ſouvent; & ſi on s'y étoit conduit de même dans les autres Provinces, on n'y auroit peut-être pas vû renaitre les funeſtes troubles, qui recommencérent en 1567. & qui ne finirent qu'en 1570.

Dans cet intervale, les Etats de Bourgogne ayant obtenu du Roi le 16. Mars 1566. des Lettres Patentes adreſſées à Jean de la Gueſle, Premier Préſident du Parlement, pour procéder à la Réformation de la Coutume de la Province, avec deux Conſeillers de la même Compagnie, qu'il choiſiroit, Jean Bégat fut l'un de ceux, ſur qui il jetta d'abord les yeux. Il n'oublia rien, pour ſe montrer digne de cet honneur. Il dreſſa auſſi-tôt ſur chaque Titre de cette Coutume de longs, & de ſçavans Mémoires, que j'ai vûs en original, & dont j'ai parlé dans la Préface de l'Edition de notre Coutume de l'année 1717. où l'on verra les raiſons, qui m'ont empêché de les faire imprimer. On en trouvera ſeulement un échantillon dans les Traitez, *De Retractu Gentilitio,* & *de Cenſu, Reditu,* & *Emphyteuſi,* qu'ont été imprimez pluſieurs fois, & qui ſont les ſeuls, qu'il paroiſſe avoir mis au net. Ils font voir, que les ſentimens de ce grand Magiſtrat furent ſuivis preſque de tout point, dans les Conférences, que tinrent ces Commiſſaires pendant les années 1568. & 1569. On a même été ſi perſuadé dans la Province, que Jean Bégat avoit eu la principale part à leurs Cayers, qu'ils ont été imprimez deux, ou trois fois, ſous ſon nom, & citez (d) peu de tems après ſa mort, comme des Remarques de ſa façon.

Si la réputation de ce ſçavant Magiſtrat étoit grande en France, elle ne l'étoit pas moins dans les Pays étrangers. En 1570. il en reçut la marque la plus glorieuſe, dont un particulier pût être honoré. Le Roi d'Eſpagne, & les Suiſſes avoient quelques différends, pour les limites de la Franche-Comté. Ils choiſirent des Arbitres pour les régler, & Jean Bégat fut un de ceux, qui furent nommez pour cet illuſtre arbitrage. Afin qu'on ne puiſſe douter de ce fait, j'inſérerai ici ce qui s'en trouve au Régiſtre du Parlement du 17. Juillet de la même année.

Ce jour M. Bégat a propoſé, qu'il avoit été élû, & nommé l'un des Arbitres, ſur les différends, étans entre le Roi Catholique des Eſpagnes, & les Cantons Suiſſes, au fait des limites du Comté de Bourgogne, & avoit été prié par Lettres du Parlement de Dole, a lui aportées par l'un des Conſeillers dudit Parlement, en vouloir accepter la charge, pour y vacquer le premier jour du mois de Septembre prochain. A quoi il n'a voulu faire réponſe, ſans en communiquer à la Compagnie, laquelle il a ſuplié lui déclarer, s'il doit accepter ladite charge d'Arbitre, & en ce cas lui vouloir octroyer ſon congé. Sur ce, les Chambres conſultées, a été dit, qu'il ſe pourvoira, ſi bon lui ſemble, pardevers le Roi.

Je n'ai pû découvrir, ſi cette permiſſion lui fut acordée. Mais le Roi lui fit peu de tems après une grace, qui prouve le cas, qu'il faiſoit de ſon merite. Car par Edit du mois de Mars 1571. ayant rétabli en ſa faveur la Charge de quatriéme Préſident au Parlement de Dijon, ſuprimée depuis quelques années, il l'en fit pourvoir le 7. du même mois; & ſes Proviſions font mention des grands ſervices, qu'il avoit rendus à l'Etat, & au Public.

Le Parlement, qui ſouffroit d'ailleurs avec peine ces ſortes de rétabliſſemens, n'aporta aucune contradiction à celui-ci. Il vit avec joie récompenſer la vertu d'un de ſes principaux Membres. L'Edit fut préſenté le 6. Avril, enrégiſtré le même jour, & Jean Bégat reçû le lendemain en cette nouvelle Charge. Mais il n'eut pas le bonheur d'en joüir long-tems, étant mort à l'âge de 49. ans, le 11. Juin 1571. comme il paroit par le Régiſtre du Parlement, qui fut le lendemain en Corps à ſes Obſéques. Elles ſe firent en l'Abaye de S. Etienne de Dijon, où l'on grava ſur ſa tombe cette Epitaphe:

(a) *Hiſtoriæ Lib.* 36. *Tom.* 2. *pag.* 294. *Edit.* 1620.
(b) Au mot, *Bégat.*
(c) Régiſtres du Parlement.
(d) V. la pag. 30. du Factum des Pivert, imprimé à la fin de la Coutume de Bourgogne, de l'Edit 1652. Et la Préface de Mr. l'Avocat Général Durand, miſe au devant des Inſtituts Coutumiers de Bernard Durand ſon ayeul.

D. M.

Joh. Agn. Begatio in Burg. Senat. Præsidi, immaturâ morte abrepto, uxor Michaëla Contault, liberique Claud. Ann. Johan. & Franc. mæstissimi
Posuere.
Septies septeno ætatis suæ anno fatis cessit, XI. Cal. Jul.
M. D. LXXII.

Michelle Fyot sa petite fille, trouvant cette Epitaphe trop simple, lui en fit poser depuis un autre devant son tombeau, laquelle est raportée par Palliot, & par le Pere Jacob, & qui pour être plus étenduë n'en est pas meilleure. Il y a même une erreur d'un mois entier, sur le tems de sa mort.

La plûpart des Poëtes de Bourgogne exercérent leurs talens, sur la perte de ce grand homme. Il nous en reste encore une Elegie Latine de Philibert Colin, son Confrére, imprimée à Dijon, chez Jean Desplanches, sur une feüille volante ; une autre plus longue, & meilleure, de Philippe Robert, sçavant Avocat au même Parlement, publiée avec le reste de ses Poësies, (a) & quelques vers Yambiques de Jean Girard Dijonois, insérez au Recüeil imprimé de ses Vers. (b) D'autres Ecrivains ont aussi parlé du Président Bégat, avec Eloge, comme Pierre de S. Julien, au passage cité ci-dessus, & dans son Livre, *De l'antiquité & origine des Bourguignons* ; (c) Etienne Tabourot en ses bigarrures, (d) imprimées sous le nom du Seigneur des Accords ; Etienne Forcadel (e) célèbre Jurisconsulte, plus connu sous le nom de *Forcatulus* ; M. Picardet, Procureur Général en Parlement, en sa quatriéme Remontrance, Loüis Mailley, en la Préface Latine, qu'il a mise au devant des Poësies de Phil. Robert; Taisand, en ses *Vies des Jurisconsultes*, p. 63. & quelques autres. Mais rien ne peut donner une plus juste idée de la considération, où étoit ce Président dans sa Compagnie, que ce morceau de l'Eloge, que fit de lui Philibert Colin, dans l'Elégie, dont je viens de parler :

Quid | quocumque decet summâ ratione sodales
 Attrahis, æthereo vincis & eloquio.
Omnia tranquillas, componis & omnia, citra
 Ullius strepitum , &c.

Je ne parle point ici de l'Eloge de M. Bégat, que le feu P. Niceron a inséré au Tome 6. de ses *Mémoires pour servir à l'Histoire des hommes illustres, &c.* parce qu'il a été entiérement tiré de la premiére Edition de la présente Vie.

Le Président Bégat eut plusieurs enfans de Michelle Contault, sa femme, fille de Mongin Contault, Conseiller au Parlement, qu'il avoit épousée le 8. Novembre 1547. (f) Quatre survécurent à ce Président, comme on l'a vû dans son Epitaphe ; une fille, nommée Anne, & trois fils, Claude, Jean, & François. Ce dernier fut Chanoine en la Sainte Chapelle de Dijon. (g) Jean mourut Chevalier de Malte en 1579. (h) Claude fut marié, & pourvû le 29. Novembre 1574. de la Charge de Lieutenant au Bailliage d'Auxonne, (i) où il fut reçu le 31. Janvier 1575. Mais il mourut de peste, sans postérité, le 31. Juillet 1587. (k) Anne Bégat leur sœur fut une personne très-spirituelle. Il en est parlé avec éloge dans les Bigarrures d'Etienne Tabourot, (l) où l'on trouve même quelques vers de cette Demoiselle. Elle épousa en 1571. (m) Jean Fyot, Seigneur de Chevanay, auquel le Président Bégat résigna sa Charge de Conseiller au Parlement. Entr'autres enfans ils eurent Michelle Fyot, dont j'ai parlé ci-dessus, (n) & qui de son mariage avec Guillaume Milliére, aussi Conseiller au Parlement, a laissé une nombreuse postérité.

A l'égard des Ouvrages de Jean Bégat, l'on peut joindre à ceux, dont je viens de faire mention, ses Décisions Latines, qui parurent en 1717. pour la premiére fois, & dont une partie a été tirée d'un de ses Ouvrages, qui n'a pas encore vû le jour, intitulé : *Enchiridion Juris Burgundici*. Il en a fait encore un autre, sous ce titre, *Commentarii rerum Burgundicarum, ad Claudium Bertotium, Magni Consilii Præsidem*. Jacques Auguste de Chevanes le fit imprimer, à la tête de son Commentaire sur la Coutume de Bourgogne, imprimé à Chalon chez la Veuve Cusset, en 1665. En sorte qu'il y a lieu de s'étonner, que Mr. de la Mare, en son *Conspectus Historicorum Burgundiæ, pag. 4.* ait cité cette Histoire, comme n'ayant pas encore vû le jour. Il l'a accusée aussi de peu d'exactitude sur certains faits : *Nonnullos Liber hic anachronismos continet, viri alias, præsertim in jure, & Burgundicis moribus, doctissimi*. Mais on peut dire, pour excuser ce Président, que sa mort prématurée lui ôta le loisir de revoir, & de corriger cet Abregé Historique de sa Province ; ou peut-être qu'il avoit perdu le dessein de le publier. Nicolas Vignier, en sa Préface du *Chronicon Burgundionum*, p. 4. dit qu'on a l'obligation à M. Bégat de la publication de l'Histoire de Flodoard, en ces termes: *D. Begatii, in Senatu Divionensi quondam Præsidis, viri eruditissimi, & totius Antiquitatis consultissimi, dum vivebat, auctoritate, & consilio, qui suâ diligentiâ Flodoardi, Remensis Canonici, Annales à situ, & à tineis primus vindicavit, & in lucem revocavit &c.*

Du reste ce grand Magistrat ne s'occupoit pas toujours d'études sérieuses. Philippe Robert nous apprend (o) qu'il s'en délassoit quelque fois avec les Muses, & qu'il traduisit même les Odes d'Anacréon en Vers François. Voici comme il en parle :

Nec mage Pimplæis quisquam se proluit undis.
Teius Anacreon testis, quem carmine nuper
Ludentem patrio tua nobis Musa reliquit.

Je ne doute pas que cette traduction ne soit celle, que Richard Renvoisy, Maître des enfans de Chœur de la Sainte Chapelle de Dijon, mit en Musique à quatre parties, & qu'il fit imprimer à Paris chez Richard Breton. Car Antoine du Verdier, qui en parle, (p) & qui ne connoissoit pas l'Auteur de cette traduction, convient qu'elle étoit différente de celle de Remy Belleau.

Ce Renvoisy, pour le dire en passant, a été un des plus excellens Musiciens, & des meilleurs Joüeurs de luth de son tems. On en peut juger par les vers, que Philibert Colin fit à sa loüange, & desquels j'ai seulement extrait les suivans du Manuscrit de ses Poësies, qui est aujourd'hui entre les mains de Mr. Le Gouz, Président à mortier en ce Parlement.

(a) Pag. 33.
(b) Fol. 105.
(c) Pag. 18. & 20.
(d) Part. 4. ch. 3.
(e) Ses Vers sont raportez en l'Eloge de M. Bégat par le P. Jacob
(f) Vieilles Heures de la famille des Bégat, que j'ai vûës.
(g) Mss. Généalogiques de Palliot, Tom. 2. fol. 499.
(h) Vieilles Heures de la famille des Begat.
(i) Régistres du Parlement.
(k) Palliot, Mss. Tom. 2. Fol. 499. & vieilles Heures de la famille des Begat.
(l) Part. Ch. 3.
(m) Palliot, Hist. du Parlement, pag. 224. & en ses Mss. Tom. 9. fol. 163.
(n) Palliot, en lad. Hist. pag. 252.
(o) Carm. p. 34.
(p) Pag. 34. & 1222. de sa Bibliothéque.

Carmine vocali clarum devincet Iopam,
Dorceus huic fidibus cedet, & huic Glaphyrus.

Quidquid ab his olim factum cecinere Poëtæ,
Hoc nihil est, spectes si quæ agit hic citharâ.
Cui cita, tarda, gravis, vox magna est, parvula, acuta,
Quam premit, inflectit, sublevat ex libito.

Mais ces belles qualitez furent ternies par un vice abominable, ou malgré son âge déja avancé, & son caractére de Prétre, le fit tomber, son penchant à la débauche, & la trop libre fréquentation avec ses jeunes Disciples. Il en fut sévérement puni par un Arrêt célébre du Parlement, (a) rendu le 6. Mars 1586. qui le condamna au feu, aussi bien que certaine chaise, dont il s'étoit servi pour commettre son crime.

A l'égard du Président Bégat, Philippe Robert (b) témoigne, qu'il composa encore quantité d'autres Vers de toutes espèces, & le Pere Jacob l'assure de même. Mais ils ne sont pas venus jusqu'à nous, & je ne doute pas, que plusieurs autres Ouvrages plus importans de ce docte & laborieux Magistrat n'ayent eu la même destinée.

(a) Régistres du Parlement.　　(b) *Carm. pag.* 34.

CLAUDE DE RUBYS.

CLAUDE DE RUBYS, quoique l'un des Commentateurs de notre Coutume, est néanmoins peu connu, & peu cité en cette Province.

Il étoit (a) de la Ville de Lyon, & de la même famille, que Françoise de Rubys, femme de Claude Patarin, Premier Président en ce Parlement. Il fit ses études à Paris, & (b) ensuite en l'Université de Toulouse, où il reçut le (c) Bonnet de Docteur en Droit. Etant retourné à Lyon, il y fit la Profession d'Avocat, & fut fait Avocat, (d) & Procureur Général des Echevins de cette Ville. Charge, que suivant le P. de Colonia, (e) il exerça pendant trente années; c'est-à-dire aparemment jusqu'à ce que le Roi Henri IV. se rendit maitre de Lyon. Ensuite il fut pourvû de la Charge de Conseiller en la Sénéchaussée & Siége Présidial de Lyon, (f) & d'une autre Charge de Conseiller au Parlement de Dombes. Il prenoit aussi la qualité (g) d'Auditeur de Camp au Gouvernement du Lyonnois, & fut deux fois Echevin de Lyon. Le P. de Colonia, (h) de qui je tiens ce fait, nous aprend de plus, que Claude de Rubys étoit grand Ligueur; qu'il avoit publié divers Ecrits contre Henry IV. & qu'après la fin de la Ligue, il fut obligé de se retirer en la Ville d'Avignon, où il demeura pendant six années, pendant lesquels il composa son Histoire de Lyon. Le P. le Long, en sa *Bibliothèque des Historiens de France*, ne fait cependant mention, que d'un seul écrit, que Rubys fit en faveur des Ligueurs; sçavoir celui, qui parut en 1589. & dont il sera parlé ci-après.

Ayant enfin obtenu la liberté de retourner en sa patrie, il s'y apliqua à effacer le souvenir de ses fautes passées, en composant divers Ouvrages, qui pouvoient être agréables à la Cour. Je n'ai pû découvrir le tems de sa mort. On reconnoit seulement par ses Ecrits, qu'il vivoit encore en 1614. Voici la liste de ceux, qui sont venus à ma connoissance, & dont il est fait mention dans les Bibliothèques de la Croix-du-Maine, de Du Verdier, ou du P. le Long.

La Résurrection de la Sainte Messe, contenant la Réponse à certain Traité des Adversaires de l'Eglise Catholique, intitulé : La mort & enterrement de la Messe. 8°. Paris, chez Nic. Chesneau, 1566.

Harangue prononcée à Lyon, à la création des Echevins de la Ville, le 21. Décembre 1567. à Lyon.

Commentaires, & Déclarations sur le Texte des Priviléges, Franchises, & immunitez octroyées par les Rois de France aux Consuls, Echevins, Manans, & Habitans de la Ville de Lyon, & à leur postérité. Fol. Lyon, chez Ant. Gryphius, 1573. & encore Fol. Lyon, 1625. à la suite de l'Histoire de ladite Ville par Guillaume Paradin.

Discours sur la contagion de la peste, qui a été en la Ville de Lyon l'année 1577. contenant les causes d'icelle, l'ordre, moyen, & police, tenus pour en purger, & nettoyer la Ville. 8°. Lyon; chez Jean d'Ogerolles, 1577.

Sommaire explication des Articles de la Coutume du Pays, & Duché de Bourgogne, de nouveau corrigez, & réformez par les Commissaires députez par le Roi, Elûs, & Députez des Gens des Trois Etats dudit Pays. 4°. Lyon, chez Ant. Gryphius. 1580. Et depuis encore 12. ibid. chez Benoît Rigaud. 1588.

Déclaration des Consuls, Manans, & Habitans de la Ville de Lyon, sur l'occasion de la prise des armes par eux faite le 14. Fevrier 1589. Cette Piéce, qui fut insérée au Tom. III. des Mémoires de la Ligue, avoit été dressée par Claude de Rubys, suivant le P. le Long, en sa *Bibliothèque des Historiens de France, n. 8114. & 8116.*

Histoire véritable de la Ville de Lyon, avec un Discours de l'ancienne Noblesse de la Maison illustre de Médicis de Florence. Fol. Lyon. 1604.

Histoire de l'ancienne extraction, source, & origine de la Maison Royale de France. 8°. Lyon 1613.

Conférence des prérogatives d'ancienneté, & de Noblesse de la Monarchie, Rois, Royaume, & Maison Royale de France. 8°. Lyon. Rigaud 1614.

Histoire des Princes, sortis des deux Maisons Royales de Vendôme, & d'Albret. 8°. Ibid. 1614.

Histoire des Dauphins, & Vicomtes de Viennois. 8°. Ibid. 1614.

Ce qu'a fait Claude de Rubys sur nôtre Coutume, est le seul de ses Ouvrages, qui nous interesse. On est d'abord surpris, de voir un Lyonnois, peu instruit de nos mœurs, se charger de l'explication de nos Loix Municipales. Mais voici, ce qui lui en donna l'occasion.

Nicolas de Beauffremont, Baron de Senecey, étoit un des Seigneurs de Bourgogne, qui avoit alors le plus de crédit dans les Etats, & il avoit été un des Députez de la Noblesse, (i) lorsqu'on procéda à la Réformation de cette Coutume en 1570. C'étoit cette même Noblesse, qui avoit demandé, qu'on y insérât ces Articles nouveaux; sur tout celui, où les peres & meres ont la liberté de disposer inégalement de leurs biens par leur testament, entre leurs enfans. Les Nobles avoient facilement mis dans leur parti les Ecclésiastiques, qui n'y avoient aucun interêt. Le Tiers Etat seul s'étoit oposé à cette nouveauté, & enfin s'étoit rendu malgré lui. Mais néanmoins beaucoup de gens de la Province murmuroient encore de ce changement.

(a) La Croix du Maine, en sa Biblioth. pag. 62.
(b) Rubys, en l'Epitre Dédicatoire de la seconde Edition de son Commentaire, adressée à Bernard des Barres.
(c) Il en prend la qualité à la téte de ses Livres.
(d) Bibliothèque de Du Verdier, pag. 193.
(e) Le P. de Colonia, *Hist. Litter. de Lyon, Tom.* 11. p. 728.
(f) Il en prend les titres, au-devant de son Commentaire sur la Coutume.
(g) Le même, *ibid.*
(h) Le P. de Colonia, *Loc. citat. p.* 729.
(i) Le Procès verbal de la Réformation de la Coutume.

Le Baron de Senecey, défirant fans doute de juftifier un Ouvrage, où il avoit tant de part, en demanda l'avis à Claude de Rubys (*a*) fon ami, & même fon allié. (*b*) Car ce Baron avoit époufé la fille du Premier Préfident Patarin, & de Françoife de Rubys. Le Jurifconfulte Lyonnois, non-feulement aprouva les nouveaux Articles, mais il crût encore, qu'il feroit plaifir au Baron de Senecey, en lui en envoyant un Commentaire, où il feroit voir le raport de ces Articles avec le Droit Ecrit, & la maniére, dont il croyoit, qu'on devoit les entendre. Il lui en dédia la première Edition, & la feconde à Bernard des Barres, Préfident au Parlement de Dijon, avec lequel il avoit étudié dans fa jeuneffe.

Telle eft l'origine de ce petit Livre, qui ne contenant prefque, que des chofes vulgaires, eft aujourd'hui peu confideré, ou pour mieux dire, de nul ufage.

(*a*) Rubys, premiére Epître Dédicatoire dudit Commentaire.

(*b*) Le même, feconde Epître Dédicatoire du même Ouvrage.

PHILIPES DE VILLERS.

PHILIPPES DE VILLERS, eut Benigne de Villers, & Claudine Damien, pour pere, & mere, & naquit à Dijon vers l'an 1545. (*a*) Après fes premiéres études, fon goût le porta à celle de la Jurifprudence, où il excella en peu de tems. En 1567. (*b*) il fut reçû Avocat au Parlement de Dijon, & ne tarda pas à avoir un des premiers rangs parmi ceux de fa Profeffion. Je n'en fçaurois raporter de meilleur témoignage, que celui, qu'en rend l'Illuftre Charles Févret, qui l'a connu dans fa vielleffe, & qui dans fon Dialogue, *De Claris Oratoribus Burgundicis*, (*c*) en fait l'Eloge en ces termes.

A quo melioris notæ inter Togatos Patrono incipiam, quàm à PHILIPPO VILLERTIO, in quo fumma virtus, & in fummâ virtute amplificata auctoritas viguit? E fontibus humaniorum Litterarum adhuc adolefcens tantùm hauſit, quantùm non ad pompam, & oftentationem, fed ad ufum fufficeret. Dein ad majora progrediens, totum fe Juris Civilis fcientiæ tradidit. In quâ perveftigandâ tantùm operæ, induftriæ, ac laboris impendit, ut ejus exactam fibi notitiam compararet: & talem, qualem vix alius ætatis fuæ in foro Patronus confequutus fuit. Quibus ufum, exercitationemque adhibens, longè, latèque famam extulit.

Egit doctè, & graviter; quia preffus erat, & plenus roboris, & fucci. Ingruente fenectâ, apprehenfione paulò tardior, fuit. Verùm, ubi facti fpeciem, & cauſæ integræ ftatum animo concepiffet, fingula momenta inveftigans, dubiis lucem, malè inchoatis ordinem, labentibus, ac penè ruituris fulcimentum adhibebat opportunum; remedio in omnibus tam efficaci, ac valido, ut nullus effet è litigatorum numero, qui Pæoniam hanc manum non exquireret, cujus ope, & auxilio fublevaretur. Si quidem, omnibus in rebus, femper tuta erat illius, vel juris, vel rationis auctoritate fubnixa, ac explicata fententia.

Unde domus illius, quaſi civitatis oraculum, adeo frequentabatur, ut quotquot effent, feu cives, feu exteri, non fatis fibi cautum, rebufque fuis perfpectum fufficienter arbitrarentur, inconfulto Villertio. Maturè ideo forenſibus fe caufarum difceptationibus fubtraxit, domique, velut in portum, tutò fe fubduxit; non, ut ociaretur, fed ut deliberationibus liberiùs intenderet.

Libros IV. Inftitutionum Juftiniani commentatione privatâ illuftravit. In quo opere, quamvis non totis animi viribus incubuerit, tamen aliquid in hac lucubratione, & magni pectoris, & excelfi ingenii deprehenditur, quod ad Fori Gallici ufum, Morifque noftri Municipalis elucidationem plurimum prodeffet, fi vulgaretur.

J'ai crû fuffifamment entrer dans les vûës du docte Févret, en faifant feulement un extrait de tout ce qui m'a paru propre à l'illuftration de notre Coutume, dans ce Commentaire de Philippes de Villers, & en le donnant au Public en l'année 1717. Car de faire imprimer l'Ouvrage tout entier, cela auroit fait un trop gros volume. Et d'ailleurs, on peut trouver facilement dans nos Livres prefque tout le refte de ce qui eft en celui-là.

Philippes de Villers mourut Doyen des Avocats du Parlement de Dijon, (*d*) en l'année 1611. De Jeanne Humbert fa femme, qu'il avoit époufée en 1570. & qui étoit fille de Nicolas Humbert, Avocat à la Cour, il eut plufieurs enfans, & entr'autres Pierre de Villers, qui fut héritier de la fcience, & des vertus de fon pere, au raport du même Charles Févret, (*e*) & qui mourut comme lui, Doyen des Avocats, (*f*) vers l'année 1650. Son fils, & fon petitfils ont été fucceffivement Confeillers au Parlement, & la fille unique du dernier a été mariée à Mr. de Fourcy de Cheffy, Maitre des Requêtes.

(*a*) Il avoit 37. ans au mois d'Août 1581. comme il le déclara, pag. 101. de l'Enquête par Turbes, inférée au préfent volume.

(*b*) Ibid.

(*c*) Pag. 83. & fuiv.

(*d*) Régiftres du Parlement, où l'on voit qu'il étoit fur la Lifte des Avocats de la S. Martin 1621. & qu'il n'eft plus en celle de 1622.

(*e*) *Dialog. De Claris Burgund. Orator.* pag. 86. 87. & 125.

(*f*) Régiftres du Parlement.

JEAN DE PRINGLES, & NICOLAS CANAT.

JEAN DE PRINGLES, naquit en la Ville de Nuys environ l'an 1550. (*a*) Son pere, Notaire, & Greffier en la Prevôté Royale de cette Ville, portoit le même nom. Le Pere Jacob dit, qu'il étoit iffù d'une bonne Nobleffe d'Ecoffe. En effet fon fils, fur la preuve, qu'il en fit, obtint en 1578. & en 1586. des Lettres de Réhabilitation, qui ne furent néanmoins vérifiées au Parlement, que le 3. Juillet 1621. (*b*) Sa mere s'apelloit Jeanne Morelot, fœur de Nicolas Morelot, Procureur Général en la Chambre des Comptes de Bourgogne; & fon fils lui fit dreffer en 1586. une Epitaphe honorable en l'Eglife de Saint Denis de Nuys, où l'on la voit encore.

Etant parvenu à l'âge d'étudier la Jurifprudence,

(*a*) Le P. Jacob, en fon Eloge de Jean De Pringles, imprimé au-devant de fes remarques fur la Coutume, de l'Edit. de 1652. & encore à la tête du Commentaire de J. A. de Chevanes. C'eft de là, que j'ai tiré une partie de ce qui eft dit ici de J De Pringles.

(*b*) Régiftres du Parlement.

il fut en l'Université de Cahors, où après avoir pris quelque tems les leçons d'Honoré Barnaud, & de Pierre Gregoire de Toulouse, célébres Professeurs, il obtint ses Lettres de Licence le 10. Avril 1573. & fut reçû Avocat au Parlement (*a*) de Dijon le 7. Août suivant.

Peu de tems après, Nicolas Morelot son oncle prit la pensée de lui résigner en survivance sa Charge de Procureur Général en la Chambre des Comptes. Jean De Pringles en fut pourvû le 16. Fevrier 1576. (*b*) & y fut reçû le 3. Avril suivant. Mais cette Charge ne lui ôta pas l'inclination, qu'il avoit pour la profession d'Avocat. Il en tira au contraire de nouvelles lumiéres, qui le distinguérent extrémement parmi ses Confréres. Cela joint à une étude assiduë des Loix, & de notre Coutume, & à un grand usage des affaires, le rendit un des plus illustres Avocats de son tems. On en jugera mieux par l'Eloge suivant, qu'a fait de lui l'Auteur du Dialoge, *De Claris Fori Burgundici Oratoribus,* (*c*) dont je me ferois un scrupule de rien retrancher.

IOANNES DE PRINGLÆUS, vir multarum rerum experientiâ celeberrimus, primordiis bonis innotuit. Tum Procuratoris Regii in Rationalium Curiâ munere honestatus, dum publica monumenta pervestigat, plurimâ, & utilissimâ multarum rerum cognitione animum imbuit. Iisque experimentis instructus, tum usu Fori, & agendi frequentiâ notus, famam sui nominis celebrem reddidit.

In dicendo, plus judicio, & mentis acie valuit, quàm elocutionis gratiâ, & suavitate. Dicebat vehementer, dilucidè, & aptè ; sed non elato, & nobili dicendi genere. Causas tamen, quas defendendas susceperat, tuebatur, & validè firmabat Legibus, exemplis, & auctoritatibus.

Ideò, si non inter eximios Oratores reponi debuit, saltem inter primarios Consultores celeberrimus, & spectatissimus fuit. Nam, ut erat Juris civilis scientiâ, tum Forensis Disciplinæ, Formularumque notitiâ clarus, Juris insuper nostri Municipalis exactissimâ cognitione instructissimus, in deliberationibus, ad sopiendas, aut ex ordine rectè instituendas lites, plurimùm æstimabatur ejus solertia, & industria. Eòque maximè, quòd ferè octogenarius, in hoc ultima senectâ deflexu, eadem mentis vi, ac judicii acumine, eadem memoriæ constantiâ, ac firmitudine, controversiarum dubia enodare, obstrusa aperire, confusaque in ordinem redigere, summâ cum admiratione visus sit ; quasi adhuc in virilis ætatis robore constitisset.

Statuta Burgundiæ Notis brevibus illustravit. Sed rem gratissimam, & studiosis, quotquot sunt, utilissimam præstitisset, si paulò accuratiùs in re tanti ponderis, ac momenti, pro summâ, quæ in eo erat, rerum experientiâ, hanc, quam exornandam susceperat, Spartam pleniùs excoluisset. Nam, si quæ super hâc re privatâ meditatione conscripsit, & recepta, & probata sunt, quantâ cum veneratione lucubrationes hujusmodi innotuissent, si ad eas omnibus numeris, pro subjecti dignitate, absolvendas De Pringlæus se toto animi robore accinxisset ?

Ce sçavant homme, désirant se donner tout entier au Palais, avoit remis de bonne heure à l'un de ses fils sa Charge de Procureur Général en la Chambre des Comptes. Enfin (*d*) étant devenu Doyen des Avocats, il mourut le 4. Mars 1629. & de son mariage avec Guillemette de Souvert, sœur de George de Souvert, Président à Mortier au Parlement, il laissa donze enfans, qui n'ont point empêché, que cette famille ne soit éteinte aujourd'hui.

Le Pere Jacob assure, que Jean De Pringles avoit fait un grand *Recuëil d'Arrêts du Parlement de Dijon,* dont le manuscrit étoit conservé par les Héritiers de l'Auteur ; & un autre de *Diverses Géné-logies des Familles illustres de Bourgogne, & des Provinces voisines,* dont l'original étoit en la Bibliothèque de Mr. le Conseiller de la Mare. J'ai été assez heureux, pour recouvrer depuis peu son Recueil d'Arrêts, écrit de sa main, en deux volumes.

Ce qu'il a fait sur la Coutume de Bourgogne, est le seul de ses Ouvrages, qui ait été imprimé. Il le composa en 1617, (*e*) étant déja assez avancé en âge. Il y a aparence, que ce fut pour l'instruction seule de quelqu'un de sa famille, & que s'il avoit voulu rendre ces Remarques publiques, il les auroit plus étenduës. Cependant elles ne laissent pas de renfermer un abregé exact, & judicieux, de toutes les maximes les plus sûres de notre Droit Coutumier. C'est ce qui fit, qu'après sa mort chacun voulut en avoir des copies, & qu'enfin on les imprima sous ce Titre.

La Coutume du Duché de Bourgogne, enrichie de Commentaires, faits sur son texte par les Sieurs Bégat Président, & De Pringles Avocat au Parlemens de Dijon, & de plusieurs Observations faites par divers Avocats de la Province, & plusieurs Arrêts rendus pour l'explication des Articles de ladite Coutume. Ensemble un Traité des Mainmortes, & des Cens, fait par Mr. Bégat ; & un Traité particulier, fait par Mr. de Souvert, & autres in 4°. à Lyon, & à Châlon, chez Pierre Cusset. 1652.

Ces prétenduës Remarques de M. Bégat, ne sont autre chose, comme je l'ai dit ailleurs, que les Cayers dressez, tant par le Président, que par les autres Commissaires, qui travaillérent à la Réformation de nôtre Coutume sous le Roi Charles IX. A l'égard des deux Traitez, attribuez au même M. Bégat, il n'y a que celui *Des Cens,* qui soit de lui. Celui, *Des Main-mortes,* est de Philippe de Villers, & tiré de ses Instituts. Pour le Traité de M. de Souvert, c'est seulement un *Factum,* fait pour Mr. George de Souvert, alors Conseiller aux Requêtes du Palais, dans un procès, qu'il avoit contre Marceline Pivert, & qui avoit été évoqué au Parlement de Grenoble. On y voit plusieurs questions de nôtre Coutume très-bien traitées, avec l'Arrêt rendu en conséquence au même Parlement le 13. Avril 1604. Je ne sçais si ce *Factum* a été fait par M. de Souvert lui-même, comme le dit Bouvot, en ses Arrêts, *T. 1. p. 293.* Je soupçonne, qu'il est plûtôt de Jean de Pringles, son beau-frere. Quoiqu'il en soit, il peut beaucoup servir pour l'intelligence de quelques Articles de notre Coutume.

Jusques-là il n'y avoit rien, que d'assez bon dans ce Recueil. Mais outre les fautes d'impression sans nombre, qui le deshonoroient, ce qui acheva de le décrier, ce furent ces *Observations, faites par divers Avocats de la Province,* &c. qui furent ajoutées aux Remarques de M. Bégat, & de Jean De Pringles, sans aucune distinction, & qui se trouvérent remplies de plusieurs erreurs. Cela excita contre ce Livre le ministére de Messieurs les Gens du Roi, qui en firent défendre le débit par deux Arrêts, dont voici le dernier : (*f*)

Sur les Conclusions verbales de l'Avocat Général, pour le Procureur Général du Roi, à ce qu'il plût à la Cour faire itératives inhibitions, & défenses à tous Imprimeurs, Marchands, & Libraires, de vendre, & débiter un Livre, intitulé : La Coutume de Bourgogne, enrichie des Annotations des Sieurs Bégat, & De Pringles, & de plusieurs Observations, faites par divers Avocats, *imprimée à Lyon en 1652. comme étant ledit Livre rempli d'erreurs, & de maximes contraires à l'usance du Palais :* LA COUR *a fait & fait itératives inhibitions, & défenses à tous Marchands, Imprimeurs, & Libraires, de vendre, & débiter ledit Livre, à peine de cinq cens livres d'amende contre chacun des contrevenans. Fait en Parlement à Dijon le 8 Février 1661.*

Ces Observations, qu'on attribuë dans le Titre à

<hr>

(*a*) *Ibid.*
(*b*) Régistres de la Chambre des Comptes.
(*c*) Pag. 86.
(*d*) Régistres du Parlement.

(*e*) V. ce que dit J. De Pringles sur l'Art. 2. Titre *Des Confiscations.* pag. 73. de l'édition de 1717.
(*f*) Régistres du Parlement.

divers Avocats, font du feul NICOLAS CANAT, Avocat de Chalon, comme nous l'aprend le Pere Jacob, non feulemeut en l'Eloge de Jean De Pringles, mais encore en fon Livre, *De Scriptoribus Cabilonenſibus*, (a) où il dit, que Canat vivoit en 1651.

(a) Page 119.

C'eſt tout ce que je ſçais de lui. Du reſte il eſt bien vrai, que ſes Remarques ſur nôtre Coutume, méritoient fort d'être ſuprimées; & c'eſt pour cela, qu'en l'Edition de 1717 du Commentaire de Jean De Pringles, je jugeai à propos de les retrancher.

JOB BOUVOT.

Comme le Pere Jacob a ramaſſé avec foin, tout ce qu'il avoit pû aprendre de la vie de cet Auteur, fon Compatriote, je n'ai prefque rien à ajouter à ce qu'il en a dit en fon Traité, *De Claris Scriptoribus Cabilonenſibus*. (a)

JOB BOUVOT, naquit à Chalon environ l'an 1558. Il étoit fils de Pierre Bouvot, Avocat au Bailliage de cette Ville, & d'Anne Guide. Après fes premiéres études, il fut aprendre la Jurifprudence fous le célébre Cujas. Il le témoigne lui même dans la Préface du premier Tome de fon Recüeil d'Arrêts, & dit, qu'il jetta fous cet excellent Maitre *les Premiers fondemens de la connoiſſance, qu'il a eüe depuis en la ſcience du Droit.* Le Pere Jacob aſſure, que ce fut en 1579. Mais il y a aparence, qu'il commença plûtôt cette étude; puifqu'il fut reçû (b) Avocat au Parlement de Dijon, le 7. Juin 1580. Ce fait prouve, que le Pere Jacob s'eſt trompé, quand il a dit, que Bouvot reçut ce jour là le Degré de Licentié en Droit.

Dans la même Préface, que j'ai déja citée, Bouvot nous aprend, qu'en fa jeuneſſe il avoit fréquenté le Barreau, non feulement au Parlement de Dijon, mais encore en celui de Paris, & au Grand Confeil. Il fe retira enfin en fa patrie, & s'y maria. Il y employa bien le loifir, que lui laiſſérent les Plaidoyeries, & les Confultations: ayant peu à peu compofé, & enfuite fait imprimer plufieurs gros Volumes.

Le premier, fut un *Recueil de divers Arrêts du Parlement de Dijon*, divifé en trois parties, fous différens Titres, rangez par ordre alphabétique. Et pour donner un eſſai d'un Commentaire, qu'il préparoit depuis long-tems fur la Coutume de Bourgogne, il y joignit ce qu'il avoit fait fur le Titre, *Des droits apartenans à gens mariez.* Ce Volume fut imprimé in 4º. à Genève, chez Pierre & Jaques Chöuet en 1623.

Il fut bien tôt après fuivi d'un fecond, contenant *la fuite de fon Recueil des Arrêts du même Parlement*, toûjours dans le même ordre, & en une feule partie. Il parut encore à Genève, in 4º. chez Jacob Stoer, en 1628.

Enfin en 1632. Bouvot fit imprimer en la même Ville, chez Pierre, & Jacques Chöuet, in 4º. fon Commentaire fur la Coutume de Bourgogne. Il eſt divifé en quatre parties. La premiére, contient une explication de tous les Articles. La feconde, eſt intitulée: *Epitome du Commentaire général ſur la Coutume de Bourgogne.* La troifiéme, eſt une Conférence générale de cette Coutume avec toutes les autres de France. Et la quatriéme, eſt intitulée: *Briéves Annotations ſur la même Coutume*, comme pour fervir de fuplément aux premiéres. Il joignit à cela une nouvelle Edition du prétendu Commentaire de Celfe-Hugues Defcoufu fur cette Coutume, duquel j'ai parlé ci-deſſus, & dont les Exemplaires étoient très rares.

Outre ces Ouvrages imprimez, il en a laiſſé quelques autres, qui n'ont pas vû le jour. Le Pere Jacob, qui nous l'aſſure, met de ce nombre *un troiſiéme volume d'Arrêts*, comme encore *une Conférence de ceux du Parlement de Dijon, avec ceux des autres Cours Souveraines de France.*

Ce laborieux Avocat, mourut à Châlon au mois de Juillet 1636. dans la Religion Proteſtante. Il étoit l'un des plus confidérables, & l'un des plus modérez en même tems de ceux, qui y faifoient profeſſion de cette Secte, comme il paroit par quelques endroits (c) de l'Hiſtoire, que le Pere Perry a fait de cette Ville.

Job Bouvot laiſſa grand nombre d'enfans, dont l'aîné fut Théodore Bouvot, auquel il dédia fon Commentaire fur la Coutume. (d)

Le jugement, qu'on porte communément de fes Ouvrages, eſt que fes Arrêts ont été recüeillis avec plus de travail, que de choix, & de difcernement. Comme il n'en ſçavoit ordinairement les efpèces, que fur le raport d'autrui, il eſt impoſſible, qu'il ne fe foit très fouvent équivoqué. D'ailleurs, comme le lui a reproché le célèbre Jean-Marie Ricard, (e) *il a écrit avec ſi peu de netteté, qu'il eſt difficile de s'aſſurer des propoſitions, qu'il a voulu établir.* Les dates même des Arrêts, qu'il raporte, fe font quelques fois trouvées fauſſes. C'eſt ce qui a fait croire, que ces Arrêts étoient faux pour la plùpart; quoique je lui doive cette juſtice, que j'ai trouvé plufieurs de ces Arrêts prétendus fupofez dans les Régiſtres de la Cour, mais à des dates différentes. Enfin il donne en divers endroits des Sentences du Bailliage de Châlon, ou fes propres fentimens, au lieu d'Arrêts. Tout cela eſt caufe, qu'on n'a pas grande confiance en cet Arrêtiſte, & fait fouhaiter, que quelque perfonne mieux inſtruite, & plus exacte que lui, prenne pour recüeillir les décifions de ce Parlement la même peine, qu'on a prife pour ramaſſer celles des autres.

L'on penfe à peu près de même de fon Commentaire fur la Coutume. Ce n'eſt qu'une compilation aſſez mal digérée de celui de Chaſſeneuz, & des Ouvrages de quelques autres de nos Jurifconfultes François plus modernes; en forte qu'il y reſte peu de chofe de Bouvot. On ne ſçauroit d'ailleurs faire grand fonds fur les Arrêts, qu'il y cite, & dont la plùpart font les mêmes, que ceux, qu'il a inférez en fon Recüeil. Auſſi ce Commentaire eſt-il d'une autorité très médiocre en cette Province; quoiqu'il ne foit pas abfolument méprifable. Mais il faut le confulter avec précaution.

(a) Page 97.
(b) Régiſtre du Parlement.
(c) Pag. 361. & 412.
(d) Il eſt parlé de ce Théodore dans les Arrêts de Bardet, *Tom.* 1. *Liv.* 1. *ch.* 116. Et dans ceux de Bouvot, *T.* 2. *p.* 170. *& ſuiv.* où l'on voit qu'il avoit époufé Jeanne Catherine, fille de Mr. Catherine, Confeiller au Parlement. Il fera bon de voir ce qu'il en dit.
(e) Traité, *Des Donations*, Part. 3. ch. 9. Glof. 4. n. 1295.

BERNARD, & JOSEPH DURAND.

BERNARD DURAND naquit en la Ville de Châlon-fur Sône. Après avoir très-bien fait fes études, il profeffa quelque tems les belles Lettres en la Ville de Clermont en Auvergne, fuivant que l'attefte le Pere Jacob, en fon Livre, *De claris Scriptoribus Cabilonenfibus*, d'où j'ai tiré prefque tout ce que j'ai à dire de lui. Il y contraĉta une grande amitié avec le célébre Jean Savaron, & fit la Préface, qui fut mife au-devant du Livre, *Des Origines de Clermont*, de ce doĉte Préfident.

Son goût pour les Humanitez, & même pour les Langues Hébraïque, & Gréque, qu'il entendoit fort bien, ne l'empêcha pas d'étudier la Jurifprudence; & dans quelques Ouvrages manufcrits, que j'ai vûs de lui, il prend la qualité de Doĉteur en Droit. Il revint enfuite en Bourgogne, & y fut reçû Avocat au Parlement le 16. Juin 1586.

Dès le même tems il entreprit de rédiger en plufieurs Tables métodiques la Coutume de cette Province, comme il le témoigne au commencement de cet Ouvrage. Il eft en original chez M. Guyton, Secretaire du Roi, & fait voir que fon Auteur n'étoit pas moins ingénieux, qu'habile.

L'amour de fa Patrie l'engagea à s'y fixer. Son érudition, & fon affiduité au travail l'y firent extrêmement confidérer, & lui donnérent beaucoup d'emploi.

Le 28. Juin 1597. il préfenta à l'Audience du Bailliage de Châlon les Lettres Patentes, obtenuës par les Peres Minimes, pour leur établiffement en cette Ville. Son Difcours à ce fujet, dont le Pere Jacob n'a pas fait mention, & qui contient plufieurs chofes curieufes pour l'Hiftoire de Châlon, fût imprimé par les foins de ces Religieux, fous ce Titre : *Préfentation des Lettres ofĥoyées par le Roi aux Religieux Minimes de l'Ordre de S. François de Paule, pour l'établiffement d'un Monaftére en la Ville de Châlon fur-Sône 12. Lyon, par Jacques Rouffin*, 1597.

En 1604. à la priére des Maire, & Echevins de Châlon, il fit imprimer en cette Ville, chez Jean des Près, *in* 4°. un ample Recüeil des Priviléges de fa Patrie, & un Difcours fort recherché fur la préféance, qu'elle prétendoit lui être dûë aux Etats de la Province, fur les Villes de Nuys, & de S. Jean-de-Lône; lefquels Ouvrages ont été réimprimez en 1660. avec l'Hiftoire de Châlon, intitulée : *L'illuftre Orbandale*.

Enfin après avoir exercé long-tems, & avec honneur, la profeffion d'Avocat, & porté en 1616. la Charge de Maire de Châlon, il mourut en cette Ville le 18. Janvier 1621.

Le Pere Jacob témoigne, qu'il a laiffé plufieurs Ouvrages manufcrits; entr'autres un petit Livre, *De l'Excellence de la Langue Hébraïque*; un autre *Des Magiftrats*; quatre Livres, *Des chofes Sacrées & Divines*; cinq Livres, *Du Droit de la Police Sacrée de France*; & un *Recüeil d'Arrêts du Parlement de Bourgogne*.

C'eft à la fin d'un des Volumes de ce Recüeil d'Arrêts, que font les Tables métodiques fur notre Coutume, dont j'ai parlé ci-deffus. Elles lui fervirent dans la fuite à compofer, *Les inftituts au Droit Coutumier du Duché de Bourgogne*, dont on fait cas, & qui furent imprimez, à Dijon, 8°. chez *Jean Reffayre* en 1697. par les foins, & avec des Remarques de M. JOSEPH DURAND fon petitfils, Avocat Général au Parlement de Dijon, dont il eft jufte de parler à cette occafion.

Il eut pour pere un autre Bernard Durand, fils de celui, dont je viens de parler, & Avocat comme lui à Châlon fur Sône. Sa mere avoit nom Françoife Berthot. Après fes premiéres études, il fut deftiné à la Profeffion d'Avocat. Il l'exerça avec diftinĉtion au Parlement de Dijon pendant près de quinze années, & jufqu'à ce que le 7. Novembre 1685. fur la réfignation de M. Millotet, il fut pourvû de la Charge d'Avocat Général au même Parlement, en laquelle il fut reçû le 11. Décembre fuivant.

Après l'avoir portée pendant plus de 18. ans, il fe détermina à quitter un Emploi, qui n'eft pas moins pénible, qu'honorable. Le Roi, pour le gratifier de fes longs fervices, lui accorda le 2. Mars 1709. des Lettres de Confeiller d'Honneur en la même Compagnie. Elle fit d'abord quelque difficulté de les enrégiftrer; plus pour la conféquence, que par raport à la perfonne de cet Officier, qu'elle confidéroit. Elle les, entérina enfin le 4. Juillet de la même année. Mais Mr. Durand n'en joüit pas long-tems, étant mort le 19. Juillet 1710. dans fa foixante-feptiéme année, fans laiffer aucuns enfans de fon mariage avec Dame Françoife Berthon.

Il étoit conftamment né avec de grands talens. Il avoit l'efprit vif, & pénétrant; une éloquence aifée, & naturelle; & des expreffions mâles, & vigoureufes, qui donnoient beaucoup de force à fes difcours. En forte, que s'il eût voulu cultiver un peu plus ces heureufes difpofitions par le travail, & par la méditation, & que fa vivacité lui eût permis de moins précipiter quelques fois fes jugemens, il auroit facilement égalé les plus illuftres Magiftrats.

C'eft à lui, que nous fommes redevables des Inftituts Coutumiers de fon grand-pere. Il les accompagna d'une Préface, où il n'a pas mis fon nom, & où il femble avoir voulu faire douter, que l'Ouvrage fût de Bernard Durand. Mais il eft certain, que les Inftituts font du grand pere, & que la Préface eft du petitfils; lequel eft auffi l'Auteur des Remarques, qui font à la fuite, & des petites Notes, qui font tant en marge, qu'à la fin des Cayers, imprimez au même Volume. Il eft pourtant vrai, que les Inftituts ont été retouchez en plufieurs endroits par M. l'Avocat Général Durand, comme il l'avoüe dans la Préface, & dans fes Remarques.

Le mérite, & les Emplois de l'Auteur de ces Remarques, forment un grand préjugé en leur faveur. Il y a en effet de bonnes chofes. On auroit fouhaité néanmoins, qu'il y eût aporté plus d'exaĉtitude; & l'on s'eft plaint, qu'il y avoit plufieurs propofitions un peu hazardées.

Ses Notes fur les Cayers paroiffent fur tout extrêmement négligées. Sur l'Art. 108. de fon Edition, où il eft parlé de la nature des rentes conftituées, il dit, *qu'elles font à préfent réputées immeubles*. Cela eft vrai en deux, ou trois cas. Mais dans tous les autres elles font meubles. Ainfi cette propofition méritoit quelque diftinĉtion. En l'Art. 172. au lieu de *debts communs*, il a entendu, *biens communs*, & a voulu fur cela cenfurer cet Article, qui ne devoit pas l'être. Il s'eft pareillement trompé fur l'interprétation de l'Art. 176. qui s'exécuteroit fans reftriĉtion, fi les Contrats de mariage ne portoient pas, que chacun des mariez payeroit fes dettes. Ce font ces méprifes, & quelques autres, qui m'ont empêché de joindre ces Notes aux mêmes Cayers, en cette nouvelle Edition; d'autant plus, que ce qu'elles contiennent de bon, eft connu de tout le monde.

Dans fes Remarques fur les Inftituts Coutumiers, pag. 169. M. l'Avocat Général Durand nous aprend, qu'en 1692. il publia un Ecrit, pour juftifier que tous les héritages du Duché de Bourgogne étoient préfumez de Franc-aleu, & que fur les raifons, qu'il en allégua, la Province obtiut au mois de Juillet 1693. un Arrêt du Confeil, qui la maintint dans ce Privilége. Cet Ecrit a été réimprimé dans le Commentaire de

Taisand sur notre Coutume, *pag.* 145. J'ai aussi quelques-uns de ses Plaidoyers, imprimez, ou manuscrits.　　C'est tout ce que je sçais de ses Ouvrages.

BERNARD MARTIN.

LOrsque je donnai au Public en 1717. les Vies des Commentateurs de notre Coutume, ce qu'avoit fait Bernard Martin pour l'illustrer, m'étoit entièrement inconnu. Il est juste de lui rendre aujourd'hui la justice, qui lui étoit dûe, aussi-bien qu'aux autres de nos Auteurs, dont il sera parlé dans la suite.

Il naquit à Dijon en 1574. (a) Je n'ai pû rien sçavoir précisément de sa famille. Il y a seulement lieu de présumer, qu'il étoit fils, ou petitfils de Benigne Martin, Avocat au Parlement de Bourgogne, & qui dans le siécle XVI. exerça la Charge de Maire de la Ville de Dijon pendant plusieurs années. (b)

Celui, dont il s'agit,' après avoir fait toutes ses études, se fit recevoir Avocat au Parlement de Dijon, & y plaida sa première cause le 9. Juin 1597. En l'année 1605. ayant été obligé d'aller à Paris pour la poursuite d'un grand procès, il profita des momens de loisir, que lui procura ce séjour pendant quelques mois, (c) pour mettre au net quantité de Remarques Critiques, qu'il avoit faites sur différents Auteurs Grecs, & Latins, & les fit imprimer sous ce titre :

Bernardi Martini Variarum Lectionum Libri IV. in quibus aliquot melioris notæ Auctores, tum Græci, tum Latini, variis Locis explicantur, illustrantur, & à mendis plerisque vindicantur. 8°. *Parisiis, apud Petrum Chevalier,* 1605. Il y a au-devant une Epitre Dédicatoire, adressée à Pierre, & Jean Quarré, Conseillers au Parlement de Dijon.

Me. Charles Fevret (d) n'est pas le seul, qui ait loüé cet Ouvrage, comme rempli de beaucoup d'érudition, & de conjectures ingénieuses sur les anciens Auteurs. Un sçavant Commentateur d'Homère (e) a cité & aprouvé plusieurs de ces Observations en l'apellant *virum perspicacissimum, & elegantis ingenii.* On ne peut en effet s'empêcher en les lisant, d'admirer le progrès,qu'il avoit fait déslors dans les Langues sçavantes, & dans l'étude des Belles-Lettres.

Retourné dans sa patrie, il se livra tout entier à sa profession, qu'il exerça jusques à la mort avec grande distinction. Et comme il avoit formé de bonne heure le dessein de donner un Commentaire sur notre Coutume, il avoit soin d'insérer dans un volume à part toutes les réflexions, qui lui vénoient en pensée sur différents Articles, à mesure que l'occasion s'en présentoit, & que les questions, qu'il voyoit naitre, lui en fournissoient la matière. Ce Recueil grossit tellement pendant une longue suite d'années, qu'il en laissa cinq petits volumes *in fol.* dont j'ai eu le bonheur de recouvrer l'original. Quoique les questions y soient traitées sans ordre,& avec la négligence d'une personne, qui écrit au courant de la plume, & qui quelques fois se contredit sur un même sujet, sans qu'on voye souvent quel étoit son sentiment, ce Recueil n'a pas laissé de m'être très-utile. J'y ai sur tout trouvé de grands éclaircissemens, pour l'intelligence, & la date de divers Arrêts de conséquence, qui ont été rendus de son tems.

C'est ce Recueil, qu'avoit en vuë Fevret, (f) lorsqu'après avoir parlé de l'Ouvrage imprimé de Martin, dont j'ai fait mention, il a ajouté ce qui suit : *Præterea in Statutum Municipale Burgundicum Commentaria parabat, multaque in eam rem singularia collegerat. Sed tam necessarium opus, antequam absolveretur, mors abrupit.*

Il est pourtant vrai, que quand il mourut, il avoit commencé de faire imprimer ses Remarques sur notre Coutume, dont par hazard j'ai trouvé le premier Cayer, en petits caractéres in 12. qui contient une partie de ce qu'il avoit composé sur l'Art. 1. Voici le Titre, qu'il avoit mis à la tête de ce Cayer, qui est peut-être le seul,qui existe aujourd'hui.

Coutumes générales du Duché de Bourgogne ; tant anciennes, que modernes, avec les Notes de Me. Bernard Martin, Avocat en Parlement à Dijon.

Ce sçavant Avocat mourut le 15. Novembre 1639. (g) & par son testament laissa sa Bibliothèque au Collége des Jésuites de Dijon, qui ont conservé son portrait.

(a) L'age de B. Martin est constaté par ces mots, qui se trouvent à la suite des Vers de sa façon, qui sont au devant de l'Histoire de la Sainte Hostie de Dijon, par Philibert Boulier : *Faciebat Bernardus Martinus, S. C. Divionensis, Anno* 1617. *ætatis* 63.

(b) Benigne Martin fut Maire de Dijon pendant les années 1557. 1558. 1559 1561. 1562.1563. 1564. 1565. & 1567.

(c) V. l'Epitre dédicatoire, mise au-devant de ses *Varia Lectiones.*

(d) Fevret, *De Claris Fori Burgund. Oratoribus,* p. 106.

(e) Jos. Barnes, *Ad Homeri Hymn. in Apollinem,* v. 152. 209. *&c.*

(f) Charles Fevret, au lieu cité.

(g) Je tiens cette date de M. l'Abbé Papillon, en sa Bibliothèque des Ecrivains de Bourgogne.

FRANC,OIS BRETAGNE.

FRANC,OIS BRETAGNE, (a) Seigneur de Nan-sous-Thil, étoit fils de Claude Bretagne, premièrement Conseiller au Parlement, & Commissaire aux Requêtes du Palais de Dijon, & depuis Lieutenant Général au Bailliage d'Auxois, & de Claudine de la Plume. Il naquit le 4. Fevrier 1608. & fut reçû Conseiller au Parlement de la même Ville le 19. Juillet 1633. Après avoir exercé cette charge avec une grande réputation, il la résigna en 1672. à Joseph-François Bretagne son fils, & mourut le 22. Août 1687.

Le loisir, dont il joüit, après avoir quité sa Charge, l'engagea à composer pour l'instruction de son fils, de courtes Observations sur notre Coutume,dont il a couru long tems des copies manuscrites. Enfin elles ont été imprimées sous ce Titre.

Coutume générale des Pays, & Duché de Bourgogne, avec les Observations de Messire François Bretagne, Seigneur de Nan-sous-Thil, Conseiller au Parlement de Dijon,&c. 4°. *à Dijon, chez Augé,* 1736.

L'Imprimeur a dédié cet Ouvrage à M. Etienne de Clugny, Conseiller au même Parlement, mort le 8. Novembre 1741. âgé de 77. ans, & qu'on croit être l'Auteur des Remarques ajoutées à cette Edition,

(a) Les faits, contenus en cet Article, ont été tirez de l'Eloge de M. Bretagne, qui a été inséré au-devant de ses Observations sur notre Coutume.

lefquelles y font marquées avec des guillemets. Mais comme il ne les a point avoüées, je n'ofe rien affurer fur ce point.

Pour ce qui eft des Obfervations de M. Bretagne, elles font toutes très judicieufes, & font regretter, que le fçavant Magiftrat, qui les a compofées, n'ait pas voulu prendre la peine d'aprofondir davantage les matiéres, comme il en étoit certainement très capable.

Il a laiffé auffi un Recueil des Arrêts les plus remarquables, qu'il a vû rendre de fon tems par la Compagnie. L'original en eft confervé chez M. Champion, Seigneur de Nan-fous-Thil, Confeiller au même Parlement, qui a époufé une petite-fille de l'Auteur, & j'en ai une copie.

PHILIBERT DE LA MARE.

PHILIBERT DE LA MARE, Seigneur de Chevigny fur Deune, & du Port de Palleau, naquit en la Ville de Beaune d'une famille noble, & qui a donné plufieurs Magiftrats, qui ont fait, & font encore honneur au Parlement de Dijon.

Après fes études achevées il fut reçû Avocat à la la Cour en l'année 1624. & ne tarda pas à donner des preuves de fon fçavoir, tant dans les plaidoieries, que par fes Confultations. J'en ai une bonne preuve par les minutes, qu'il eut foin d'en conferver, & qui font heureufement tombées entre mes mains en plufieurs gros volumes *in Folio*, qui finiffent en l'année 1674. J'ai pareillement en cinq autres volumes les originaux de fes Collections de Jurifprudence, & du Recueil, qu'il avoit fait des Arrêts les plus remarquables, qui avoient été rendus de fon tems en notre Parlement. Plufieurs de nos Auteurs (a) ont cité ce Recueil avec Eloge.

Il avoit auffi fait fur notre Coutume quelques légéres Remarques, pour lui fervir feulement de Mémoires, & qu'on a jugé à propos d'imprimer en 1736. avec les Obfervations de M. François Bretagne, Confeiller au Parlement, dont j'ai parlé en l'Article de ce Magiftrat.

Philibert de la Mare mourut à Dijon le 6. Septembre 1680. âgé de 75. ans, & de fon mariage avec Marie Tifferand, fille de M. Pierre Tifferand, Maitre en la Chambre des Comptes de Bourgogne, il ne laiffa que deux filles ; fçavoir Benigne de la Mare, mariée à M. Jacques de Mucie, Préfident à Mortier au Parlement de Dijon, dont elle n'eut point d'enfans ; & Françoife de la Mare mariée à M. Jean Bouhier, Seigneur de Verfalieu, & de Chevigny, auffi Préfident à Mortier au même Parlement, qui a laiffé une nombreufe poftérité.

(a) M. Pierre Taifand, *à la fin de fon Avertiffement fur notre Coutume*, & M. Guillaume Raviot, *en la Préface* | *qu'il a mife au devant des Arrêts de M. François Perrier, p. 33.*

FRANÇOIS-CLAUDE JEHANNIN.

UN des plus grands ornemens du Barreau du Parlement de Dijon dans ces derniers tems a été M. François-Claude Jehannin. Il naquit en l'année 1630. en la Ville de Louhans, du mariage de Philibert Jehannin, Controlleur des Finances en Bourgogne, & de Benigne Jachiet. Après avoir fait toutes fes études avec diftinction, il fut reçû Avocat à la Cour en 1649. & fe fit pourvoir en 1652. d'une Charge de Subftitut de M. le Procureur Général, en laquelle il fut reçû le 22. Novembre de la même année.

Il ne tarda pas à donner de grandes marques de fon habileté dans l'exercice de cette Charge. Car Mrs. les Gens du Roi ayant été obligez de s'abfenter longtems, pour aller pourfuivre une Inftance, pendant entr'eux au Confeil privé, pour le Réglement de leurs Charges, le Sieur Jehannin fupléa feul pendant quatre années à toutes leurs fonctions, tant aux caufes d'Audience, qu'aux procès par écrit, avec un extrème aplaudiffement de toute la Compagnie.

La foibleffe de fon tempérament ne lui permit pas de continuer à fe diftinguer dans les plaidoyeries. Mais fon fçavoir, & la fageffe de fes Confeils le mirent bien-tôt au rang des plus habiles Confultans, & lui firent donner à jufte titre par feu M. de la Monnoye (a) la qualité de *Papinien de la Bourgogne*. Sa parfaite intégrité, jointe à fes autres talens, le fit auffi choifir pour arbitre par les Plaideurs les plus fenfez D'ailleurs fa folide piété, & fon parfait défintereffement, ont rendu fa mémoire infiniment refpectable à tous ceux, qui l'ont connu.

Il mourut à Dijon le 22. Novembre 1698. & fut inhumé en l'Eglife S. Michel fa Paroiffe, dans une

Chapelle, où fes héritiers firent pofer fon bufte, fait par le Sieur du Bois, excellent Sculpteur, avec une Épitaphe Latine, qui eft raportée dans la Bibliothèque des Ecrivains de Bourgogne, par feu M. l'Abbé Papillon, où l'on peut voir fon Article. J'ai apris, que pour monument de fa piété il avoit fait faire à fes dépens le platfonds de la Nef de l'Eglife de Louhans, fa patrie, où font fes armoiries, & celles de fa femme.

De fon mariage avec Claire Guillaume, fœur de M. Gabriel Guillaume, Avocat célébre, qu'il avoit époufée en 1650. il laiffa deux fils, Confeillers au Parlement, lefquels fe font très dignement acquittez de leurs Charges, & dont le fecond a laiffé une poftérité, qui en fuccédant aux mêmes emplois, n'a point dégénéré de leur mérite.

C'eft dommage que ce fçavant homme, qui étoit fi capable de nous éclaircir par fes Ouvrages, n'en ait donné aucun au Public. En voici feulement quelques-uns, que d'autres ont eu foin de conferver, & de faire imprimer.

Remontrances des Etats du Duché de Bourgogne, fur la Déclaration de Sa Majefté du mois d'Août 1692. touchant le Franc-Alleu. Cet Ecrit a été inféré par le Sieur Taifand, dans fon Commentaire fur la Coutume du Duché de Bourgogne, imprimé en 1698. *p. 150.*

Additions, & corrections au même Commentaire du Sieur Taifand. Elles ont été imprimées à la fuite de cet Ouvrage, *pag.* 807. & quoiqu'il y en ait quelques-unes de la façon de l'Auteur, on fçait que les principales lui ont été fournies par le Sieur Jehannin. Le

(a) M. de la Monnoye, en fon édition *du Menagiana* de l'année 1715. *Tom.* 1. *p.* 287. V. auffi ce qui eft dit du Sieur Jehannin, en marge de l'aprobation donnée par cet | Avocat au Commentaire du Sr. Taifand fur la Coutume du Duché de Bourgogne.

Sieur Taisand l'a reconnu lui-même en marge de l'approbation de cet Ouvrage, que le Sieur Jehannin donna en 1697. & qui se trouve à la tête du même Commentaire.

Coutume générale des Pays, & Duché de Bourgogne, avec les Observations de Mre. François Bretagne, &c. & des Notes de Mes. de la Mare, & Jehannin, Avocats au même Parlement, &c. 4°. Dijon, Augé 1736.

Quoique ces Notes ayent donné occasion de donner ici l'Eloge de M. François-Claude Jehannin, on peut dire qu'elles ne sont nullement dignes de cet habile homme. Si elles sont de lui, dont je doute fort, il faut que ce soit le fruit de ses premiéres études, du-quel il n'aura pas fait dans la suite assez de cas, pour le revoir, ou le perfectionner. Il y a d'ailleurs des fautes grossiéres, qui aparemment viennent de l'inatention des Copistes. J'en ai fait voir divers exemples dans mes Observations ; & il n'y a point de Lecteur tant soit peu apliqué, qui ne s'en aperçoive d'abord. C'est donc un très mauvais service, qu'on a rendu à cet illustre Avocat, quand on a publié sous son nom ces prétendues Notes.

Il avoit inséré dans ses Recueils de Jurisprudence les Arrêts de la Cour, qu'il avoit vû rendre de son tems. J'en ai une copie manuscrite, & je m'en suis souvent servi utilement.

JEAN GUILLAUME.

IL n'y a point de famille, qui ait fourni au Parlement de Dijon tant d'excellens Avocats, que celle des Guillaume.

Celui-ci, l'un des plus illustres de son siécle, naquit en la Ville d'Arnay-le-Duc, environ l'an 1570. Son pere, nommé aussi Jean Guillaume, & Avocat au Bailliage de la même Ville, fut l'un des Députez de ce Bailliage, pour assister aux Etats Généraux du Royaume, convoquez à Blois en 1588. & y fut choisi par ceux de son Ordre pour Assistant, ou, comme il est apellé au Régistre de cette Assemblée, pour *Evangéliste* de la Chambre du Tiers Etat.

JEAN GUILLAUME son fils joignit à un heureux naturel, une aplication constante à l'étude des belles Lettres, & de la Jurisprudence. Il fut reçû Avocat au Parlement de Bourgogne le 16. Novembre 1595. Ce fut le 4. Juillet 1597. qu'il y plaida la premiére fois ; & comme il égala bien-tôt par ses lumiéres les plus sçavans de ses Confréres, il les surpassa tous par son éloquence.

Quelque employé, qu'il fût, à plaider & à consulter dans toutes les plus importantes affaires, qui se présentérent de son tems en ce Parlement, il ne laissa pas de former le dessein, de publier en Latin les Arrêts les plus remarquables, qu'il y avoit vû rendre, avec les principales raisons des Parties ; de la même maniére à peu près, que le docte Anne Robert venoit de le faire, à l'égard des Arrêts du Parlement de Paris.

Pierre Bernier, son Confrére, en la Préface d'un de ses Plaidoyez, imprimé à Dijon en 1612. atteste ce fait en ces termes : *Gulielmum nostrum, cum omnibus cujuscumque Fori Causidicis, qui nostrâ tempestate supremâ illustrant Tribunalia, comparandum, horiari non debinam, ut quas à se, & ab aliis, oratas in Senatu Causas expolit, & exornat, publici Juris faciat.* J'en ai reconnu depuis la vérité dans un Recueil manuscrit des Plaidoyez de Jean Guillaume qui est dans un petit volume in 4°. conservé dans la Bibliothèque de M. Thomas, Seigneur d'Ilan, laquelle apartenoit au feu Sr. Avocat de Chevanes, dont la Vie sera insérée ci-après. Ce volume, où manque le premier Cayer, & encore un autre, contient dix-neuf Plaidoyez; mais dont plusieurs sont imparfaits. Ce qui donne lieu de croire, que l'Auteur avoit abandonné ce dessein. Je n'ai pas laissé d'en faire tirer une copie, dont on peut toujours tirer quelque secours pour l'intelligence des Arrêts, qu'il raporte.

Le célèbre Charles Fèvret, en l'Eloge de Jean Guillaume, qui sera raporté ci après, assure qu'il fit imprimer de son vivant un petit essai de cet Ouvrage, & même qu'il le lui dédia, aussi bien qu'à Jacques de Belin, autre Avocat très habile de ce tems-là. Mais, quelque recherche que j'aye pû faire de ce Livre, je n'ai pû parvenir à le trouver.

Je n'ai rien vû d'imprimé de cet Auteur, qu'un *Discours fait au Parlement, sur la présentation des Lettres d'érection de Bellegarde en Duché & Pairie de France. 4°. à Dijon, chez Claude Guyot, 1611.* Discours, qui fut alors fort aplaudi, au raport du même Charles Fèvret, & à qui le tems n'a pas encore fait perdre toutes ses graces.

Dès 1605. à la vérité il avoit paru un Volume, imprimé in 4°. à Dijon, chez Jean Magnien, & contenant les Plaidoyez, tant de Jean Guillaume, & de Pierre Bernier, que Mr. l'Avocat Général de Vellepelle, au sujet d'un Réglement prétendu entre les Médecins, & les Apoticaires de cette Ville. Mais le Discours, qu'on y attribuë à Jean Guillaume, paroit être plûtôt du stile de Pierre Bernier, que je crois l'Auteur, & l'Editeur de ce Livre.

Le petit Recueil d'Arrêts, rendus en interprétation de notre Coutume, & le Plaidoyé pour le Chapitre d'Autun, que j'ai donné au Public, sous le nom de Jean Guillaume, à la suite de l'Edition de notre Coutume, qui parut en 1717. ont été tirez fidélement de son Original, que j'ai entre les mains. On ne peut douter, que ce ne soit une partie de l'Ouvrage, qu'il préparoit. On s'apercevra facilement aussi, que cet Ouvrage n'étoit pas encore en sa perfection, & qu'il y auroit eu plusieurs choses à retoucher, principalement pour le stile Mais, tout imparfait que l'Auteur l'a laissé, il est plus que suffisant, pour donner une juste idée de sa vaste érudition.

Ce sçavant homme eut le sort de la plûpart de ceux, à qui l'amour de l'étude fait oublier le soin de leur santé. Quoiqu'il fût né d'une complexion robuste, il mourut âgé de 56. ans seulement, en l'année 1626. Claude-Barthelemi Morisot s'est trompé, quand il a dit, qu'il étoit mort au mois de Novembre 1623. puisque dans ses Arrêts sur notre Coutume Jean Guillaume en a cité de l'année 1625. Je sçais d'ailleurs, que le 23. Mars 1626. il plaida encore une Cause célèbre pour les Maire & Echevins de Dijon, contre les Ecclésiastiques de la même Ville. Mais ce fut la derniére fois, qu'il parut au Barreau. En effet dans une feüille volante, écrite de la main du Sieur de Chevanes, dont j'ai parlé plus haut, contenant un Eloge Latin de Jean Guillaume, & qui est entre mes mains, il est dit qu'il mourut au mois de Juin 1626. après une maladie de trois jours seulement.

Il ajoute qu'Henry de Bourbon, Prince de Condé, qui étoit alors à Dijon à la sollicitation d'un procès important, où Jean Guillaume étoit son Conseil, voulut honorer de sa présence les Obsèques de cet illustre Avocat, qui fut inhumé dans l'Eglise de Notre-Dame, sous l'Aigle du Chœur. Le Sieur de Chevanes dit encore, que Louvant Gelyot, son Confrére, lui fit une Epitaphe en vers ; mais qui ne s'est point conservée.

Le pere de Jean Guillaume eut le déplaisir de lui survivre, n'étant mort qu'au mois de Juillet suivant. Le Monument, qui me l'aprend, est gravé sur une lame de cuivre, laquelle est sous une image de Saint Jean-Baptiste, élevée au-dessus du Benitier de l'Eglise Paroissiale d'Arnay-le-Duc. Et, comme il contient l'éloge du fils, aussi bien que celui du pere, j'ai crû qu'on ne seroit pas fâché de le trouver ici :

Labrum hoc lustrale,
Et
D. Baptistæ additam iconem
F. D. S.
Curavit Joannes Gulielmus, Arnetensis Patronus,
Joannis Gulielmi,
In amplissimo Gallo-Burgundiæ Senatu
Patroni eloquentissimi,
Vel rectiùs patris Eloquentiæ parens.
Hic
Ad multam senectutem, vitæque exitum
In Arnet. Reg. Foro
Causas egit constanter, non obnoxiè.
Obiit prid. Id. Quintiles.
Anno MDCXXVI. ætatis LXXXIX.

Jean Guillaume le fils avoit épousé Michelle de Frasans, d'une très bonne famille de la Ville de Dijon. Il n'en eut qu'une fille, Claire Guillaume, qui fut mariée en 1620. avec Philippes Fyot, alors Conseiller, & depuis Président à Mortier au Parlement de Bourgogne, l'un des plus respectables Magistrats de son siécle. Ils ont laissé une nombreuse postérité, laquelle remplit aujourd'hui les premiéres Charges du même Parlement ; & je me fais honneur d'être du nombre de ses descendans, comme étant arriére-petitfils de Claire Guillaume.

Il ne me reste plus, qu'à insérer ici les Eloges, que lui ont donnez après sa mort deux des plus sçavans, & des plus éloquens de ses contemporains, Charles Févret, & Claude-Barthelemi Morisot ; l'un en son Dialogue, *De claris Fori Burgundici Oratoribus* ; l'autre, en ses Epitres, *Cent. 1. Epist. 31.* Je le fais d'autant plus volontiers, que ces Livres ne font pas entre les mains de tout le monde.

JOANNIS GULIELMI
Elogium
Carolo FEVRETO Auctore.

JOANNES GULIELMUS, transactis summâ cum expectatione humaniorum Literarum studiis, postquam togatæ militiæ Sacramento addictus est, domesticæ meditationi adjunxit publicarum Actionum frequentiam; ad eamque doctrinæ, ingenii, ac vis oratoriæ, ab ipsis primordiis, commendationem pervenit, ut non solùm maxima illi causæ committeremur, sed eas, pro rei dignitate, & Senatus amplitudine, & tractasse, & exornasse videretur. Adeo, ut de illo, quod de operibus Phidiæ dici potuerit, UT VISA, SIC PROBATA SUNT.

Actio illi gravis, & vehemens ; sed modesta, Judicibusque æquè, ac Auditoribus accepta. Oris præterea, vocis, corporisque tota compositio elegans, decora, & suavis fuit. In dicendo, modò lenis, modò concitatior, pro ut, vel sedandis, vel excitandis animorum motibus incumberet. Et, si eum verè Oratorem dicamus, qui dicere, delectare, & permovere possit, fatebimur hæc omnia Gulielmum luculenter implevisse.

Solebat, ut moris est, sedatior in præfationibus esse. Demum ferventior, nervosiùs, acriùsque ducebat orationem, impellente, quasi valido flatu, ipsâ actione.

Nihil illi defuit. Commoda inventiones, partium artificiosa dispositiones, memoriæ vis, pronuntiationis decor, pulcraque constructio ab ejus oratione non aberant. Humilia subtiliter, & strictim : mediocria temperatè ; grandia graviter, & elatè, dicebat. Sicque ad omne genus Oratoriæ facultatis tam se facilè aptabat, ut in vulgaribus causis ad usitatissimam puri sermonis consuetudinem se demitteret ; in gravibus verò, & centumviralibus, ampliter se, ac magnificè pro rei dignitate extolleret ; imò se supra ipsius argumenti, ac controversæ litis magnitudinem efferret.

Nullus, interfortunatiores, tam divite gazâ splenduit, nullus exteræ mercis curiosus inquisitor tam pretiosas intuentibus exhibuit apothecas, quantas Gulielmus doctrinæ reconditas opes, ac scientiarum ornamenta proferebat, delibatas ex omnium Auctorum genere. Et ab humanioribus disciplinis petitas exornationes, tam concinnè, & aptè interserebat orationi, ut totam his foribus vernantem, ac quasi luminibus, sideribusque distinctis illustrem, ac splendidam redderet. Et velut ii, qui tabulas summâ arte depictas collocant in bono lumine, ita summâ curâ satagebat, ut quæ curiosè conquisiverat, suis locis commodè ad ornatum dispergerentur.

Tanta, quanta desiderantur in Oratore, habuit ornamenta dicendi. Nam, ut ei à Naturâ negatum nihil fuerat, ita nec ab arte, & doctrinâ quidquam non ei delatum esse visum est. Lenitatem, acumen, decus, elegantiam, varietatem exhibebat. Magnus ubique vigor, ac calor. Omnia animata, ac spirantia. Nihil jacens, nihil ignavum, aut frigidum : sed ubique multum pectoris, & animi. Non tantùm inflammare Judices, quum dicebat : sed ipse, actionis vi, & impulsu, totus ardere videbatur. Ideo, magno hominum concursu, & expectatione agebat. Altum tunc silentium. Unde colligi posset, Oratorem esse præclarum illum, qui tam suspensis animis, & tantâ omnium attentione peroraret.

Et si vulgi opinio sæpius à Doctorum sententiâ discedat, in dijudicandâ dicentium publicè eloquentiâ, tamen & assensu populari, & peritiorum judicio, præstantior cæteris Gulielmo habitus est. Nam, si quem interrogavisses, quis esset in Civitate Divionensi eloquentissimus Orator, sine cunctatione omnes Gulielmum nominassent. Sicut enim, inter Atticos Oratores, primæ Demostheni tributæ sunt, & apud Romanos, Tullio ; sic meritò Gulielmus, inter ævi sui celeberrimos Divionenses Patronos principatum obtinuit.

Nihil ille, nisi excultum domesticâ meditatione, proferebat in publicum. Subitariæ autem orationis specimen, nequidem urgente necessitate usquam explicuit, aut aggredi tentavit.

In Panegyricis, apparatâ viguit eloquentiâ, omni apparatu illustri, ac præfulgente. Rogerii Bellagardæi, Burgundiæ gubernatoris, laudationem suscepit, & peregit ornatè, & oratoriè.

Ad summam Joannis Gulielmi eruditionem, & præstantissimum ingenium, cura, & meditatio accessit ; sed nimis anxia. Nam, cum molestiâ diligens, & in se duriùs inquirens, austerus sui censor, ac penè irrisor fuit. Et, quantam alii gloriam ei concedebant, tantam sibi constanter denegabat. Ideo, severi supercilii videbatur, quoties causam aliquam gravem perorandam susceperat. Dimissâ autem concione, quasi deposito onere, perquàm hilaris, & facetus deprehendebatur.

In ejus exordiis aliquid erat, quod reprehendisses. Nam aliquando, vel nimium separata erant ab ipsis Causæ visceribus, vel tantæ apparationis, ac diligentiæ, ut exinde tota oratio ejusdem artificii filo contexta esse crederetur. Quæ artis exquisitæ suspicio summoperè vitanda est Oratori.

Scriptione minus valuit Gulielmus, quam Oratione. In istâ, validus ; in scribendo paulo mollior, ac remissior fuit. Nam, quum stylum apprehenderet, motus ille animi incitatus jam non aderat, omnisque flamma, quâ dicendo ardebat, dum scriberet, extinguebatur. Unde non immeritò quidam observabant, tantùm interesse inter scripta Gulielmi, & ejus orationem, quantùm inter ipsum, & pictam ejus imaginem.

Si vitâ diuturniore frui licuisset, pleraque controversiarum illustrium argumenta, ab ipso, & aliis in Burgundico Foro tractata solemniter, vulgare decreverat. Jamque aliqua typis mandata, dicataque Jacobo Belino, & Carolo Fevreto, quasi in antecessum præmiserat, ex quibus, ut aiunt, licuit ex ungue Leonem agnoscere, operisque integri pretium à minimâ parte metiri.

EIUSDEM ELOGIUM
Claudio Bartholomæo MORISOTO Auctore.

NUNC nostrum Forum claudicare mihi videtur, JOANNE GULIELMO, Causarum Actore celeberrimo, nuper satis abrepto. Vix dixerim, quantâ voluptate mentes nostras afficiebat, implebatque facundâ eruditione.

Vices rerum, studium, labor, natura, experientiam plurimam, doctrinamque animo capaci impresserat. Vis illi dicendi abundans, quæ ad judicia magis videtur ap-

ta, & ipsis Clientibus, atque Auditoribus probatior. Inopia enim, & exilitas dicendi, minùs afficit, & movet. Latè penetrat corda, quod magno aparatu venit, facitque reverentiam majestas verborum, longis, & purpuratis periodis cadentium ; maximè, quod illi frequenter accidebat, si auctoritatibus, & sententiis, veluti limbis aureis, praetexueris orationem.

Illi ampli pulmones, vox robusta, vultus rubedine naturali semper incitatus, gestus gravis, nervosa oratio,

& succi plena, & naturali pulchritudine exurgens.

Ut Forum reliquerat, continuatis negotiis, & in se-certo ordine redeuntibus, sumpto calamo, quod actum, quod judicatum fuerat, Latinè scribebat. Et jam CXX. causas, superque iis Senatusconsulta, Papiniano stylo perfecerat, quum ad tantum opus vigilantem, in ipso adhuc aetatis flore, maligna febris pestilenti sidere percussit saeva mors, & inexorabilis inchoatum opus interrupit. Desiit vivere, anno aetatis LVI.

JACQUES-AUGUSTE DE CHEVANES.

JACQUES-AUGUSTE DE CHEVANES étoit fils de Nicolas de Chevanes, sçavant Avocat au Parlement de Dijon, & de Guillemette Thomas. Rien ne prouve mieux le mérite de son pere, que le choix, que fit de lui le célébre Charles Févret, pour être l'un des Interlocuteurs de son agréable Dialogue, *De claris Fori Burgundici Oratoribus*, où il en fait un bel Eloge. (a)

Le 16. Novembre 1645. J. A. de Chevanes fut reçû Avocat à la Cour. En 1648. le 29. Septembre, il fut pourvû d'une charge de Secretaire du Roi en la Chancellerie près le Parlement de Dijon, (b) & l'exerça jusqu'en 1672.

Cela ne l'empécha point de fréquenter le Barreau, où il acquit de sa réputation ; principalement pour les matiéres Ecclésiastiques, & pour la connoissance des anciens Titres. Sur quoi il a fait quelques *Factums* assez curieûx, & qui sont recherchez des connoisseurs.

Dans la vûë de commenter quelque jour la Coutume de sa Province, il ramassa tout ce qu'il pût trouver de matériaux propres à son dessein. Il tira sur tout un grand nombre d'Arrêts des Recüeils, faits par divers Officiers, ou Avocats du Parlement, pour leur usage particulier. Et de cet amas, joint à quelques Traitez de M. Bégat déja imprimez, & aux Cayers dressez par les Commissaires députez sous Charles IX. pour la Réformation de cette Coutume, il forma le Livre, qui a paru sous ce Titre :

Coutumes générales du Pays & Duché de Bourgogne, avec les Annotations de M. Bégat, Président, & du Sieur de Pringles, Avocat audit Parlement, revûes, corrigées, & augmentées de plusieurs Arrêts, ausquels on a ajoûté les Notes de Me. Charles du Moulin, 4°. à Châlon, chez la veuve Cusset, 1665.

Au lieu du nom du Sieur de Pringles, de la façon duquel il n'y a rien dans ce Volume, il falloit mettre celui du Sieur de Chevanes, qui en est véritablement l'Auteur, ou plûtôt le compilateur. Car il n'y a presque rien de lui ; si ce n'est peut-être quelques Arrêts, qu'il a vû rendre de son tems. Et c'est aparemment pour cela, qu'il ne jugea pas à propos d'y mettre son nom.

Peu de tems après il lui prit envie de voyager en Italie ; & il étoit à Venise dans le tems du célébre tremblement de terre, arrivé à Raguse le Jeudi Saint de l'année 1667. J'ai même une copie manuscrite de la Rélation, qu'il en fit, sur le récit de M. Bathasar, Conseiller au Parlement de Paris, & de quelques autres, qui penserent être ensevelis sous les ruines de cette Ville.

Etant de retour de ce voyage, il songea à revoir son Commentaire sur notre Coutume, & à en donner une nouvelle édition. Mais d'autres occupations l'empêchérent d'exécuter ce dessein. Il est pourtant certain, que très-long-tems après il cherchoit encore des Mémoires pour cet Ouvrage. C'est ce qu'on reconnoît par une lettre, que lui écrivit M. l'Avocat Général Durand, & qu'il fit imprimer en 1697. à la tête des Instituts Coutumiers de Bernard Durand. Mais la mort, qui enleva J. A. de Chevanes le 19. Novembre 1690. nous a fait perdre le fruit de ce long travail.

Il n'a eu aucuns enfans de Marie Arviset sa femme, & a laissé à M. Thomas, Conseiller au Parlement, son parent, & son héritier, une fort belle Bibliothéque.

Il a laissé aussi divers Ouvrages manuscrits. Mais, si l'on excepte la Rélation du tremblement de terre de Raguse, dont j'ai parlé ci-dessus, aucuns ne sont venus à ma connoissance, que les suivans. dont parle M. le Conseiller de la Mare dans un de ses Livres. (c)

Jacobi Augusti Chevanei Pietas, seu de vitâ & scriptis Nicolai Chevanei, J. C. Divionensis, Parentis sui, liber.

Ejusdem de Vitâ & Scriptis Caroli Fevreti, J. C. Divionensis, Commentarius.

Ejusdem, de Joannis Menestrii, insignis nostrâ aetate apud nos Antiquarii, vitâ, moribus, & scriptis, Epistola.

Ejusdem, Joannis Lacunae, rerum Capitalium in Arneto-Ducensi Praefecturâ Quaestoris, vitae Breviarium.

On voit aussi quelques Vers Grecs, & Latins, de la façon de J. A. de Chevanes, avec une Lettre Latine, au devant des Dialogues de Charles Févret, *De claris Fori Burgundici Oratoribus* ; & d'autres Vers Latins au devant du Traité, *De l'Abus*, du même Auteur, de l'édition de 1654.

Dans une Lettre Latine, qu'il écrivoit d'Auton à feu M. le Conseiller de la Mare, en 1650. & qui est conservée en original chez les héritiers de ce dernier, il lui parloit en ces termes, d'un autre Ouvrage considérable, auquel il travailloit : *Seis me FORMULARIUM GRAECORUM CONTRACTUUM parare ad Editionem, illudque Observationibus illustrare.* Mais ce projet est aparemment demeuré sans exécution.

A l'égard de son Commentaire sur notre Coutume, on ne peut nier, qu'il n'y ait plusieurs Arrêts, qui peuvent extrémement servir à l'éclaircir. Mais, comme ils ont été entassez sans ordre, sans choix, & sans être acompagnez des remarques nécessaires, pour en faire connoître les véritables motifs, il est à craindre, qu'ils ne donnent lieu à introduire plusieurs maximes fausses, & d'autant plus dangéreuses, qu'elles paroîtront fondées sur des décisions respectables.

D'ailleurs, cet Auteur a souvent eu de faux Mémoires pour les Arrêts, qu'il a citez. J'en ai fait voir des exemples, n. 32. & 33. de la troisiéme des Observations, qui sont imprimées à la fin de notre Coutume de l'Edition de 1717. & j'en pourois montrer beaucoup d'autres.

Il paroit même, qu'il n'a pas pris la peine d'examiner les Arrêts, qu'on lui a communiquez. C'est ainsi que, dès la seconde page de son Commentaire, il en raporte deux, comme contraires, qui ne le sont nullement. De même, pag. 186. pour confirmer un principe, qu'il donne pour certain, il allégue un Arrêt, qui y est absolument contraire. En quoi il en a imposé à Taisand, qui à la pag. 351. de son Commentaire cite cet Arrêt, comme ayant jugé suivant ce principe. Méprise d'autant plus considérable, qu'elle regarde une matiére importante, & que cet Arrêt ne

(a) Pag. 9. & 10.
(b) Tessereau, Hist. Chronol. de la Chancellerie, p. 427.

623.
(c) *Conspect. Histor. Burg.* pag. 70.

fe trouve point fur les Régistres de la Cour.

Rien n'égale auffi la négligence, que J. A. de Chevanes a aportée, foit pour les dates des Arrêts, & les noms des Parties, foit même pour la manière de raporter, ce qu'il a tiré des Mémoires manufcrits, qu'il avoit entre les mains ; comme je l'ai vérifié en plufieurs endroits.

Tout cela, joint à un nombre confidérable d'erreurs, qui fe trouvent dans fon Livre, devroit bien exciter quelqu'un, à en donner une nouvelle Edition, avec des Remarques. Mais en attendant, ce que je viens de dire fuffira, pour faire comprendre, qu'il ne doit être lû, qu'avec beaucoup de précaution.

Du refte J. A. de Chevanes avoit de l'érudition, & plufieurs Sçavans ont parlé de lui avec éloge ; entre autres le P. Théophile Raynaud, en l'Epitre Dédicatoire de fon Livre, intitulé : *Eunuchi nati, fatii, myftici* ; M. Baluze, en fa Préface fur les Epitres d'Innocent III. M. Baudelot, en fon Livre, *de l'Utilité des Voyages*, Tom. 2. p. 690. & quelques autres.

NICOLAS PERIER.

EN 1688. il parut à Dijon, chez Jean Grangier, un petit Volume *in* 4º. intitulé : *Obfervations de Droit, & de Coutume, felon l'ufage du Parlement de Dijon.*

L'Auteur n'y mit pas fon nom : mais le défigna feulement par ces quatre mots : *Cor, lux jus aperiens,* qui font l'anagramme du nom Latin de NICOLAS PERIER, auquel on eft redevable de ces Obfervations, lefquelles font au nombre de douze, fur le premier Titre de la Coutume de Bourgogne.

Il avoit eu deffein de continuer cet Ouvrage, & même il en publia en 1691. une feconde Edition, chez le même Imprimeur, où l'on trouve le commencement d'une treiziéme Obfervation fur le droit d'indire ; mais qui, je ne fçais pourquoi, eft demeurée imparfaite.

Nicolas Périer étoit d'une honnête famille de Saint Jean de Lône, & y naquit en l'année 1628.

S'étant apliqué avec fuccès à l'étude de la Jurifprudence, il fe fit recevoir Avocat au Parlement de Dijon, & s'y fixa. La difficulté, qu'il avoit à s'énoncer, l'empêcha de briller au Barreau. Il en fut dédommagé par les Confultations, où il fut fort employé, & où il acquit une grande expérience dans les affaires.

Comme il ne laiffoit pas d'être très-affidu aux Audiences, il y remarqua avec foin les Arrêts les plus importans, & en a laiffé un ample Recüeil, dont l'original eft entre les mains de M. Jean Melenet, l'un des plus célèbres Avocats de ce Parlement. Cet Ouvrage, qui eft cité avec éloge par M. Guillaume Raviot, *pag.* 33. de fa Préface fur les Arrêts de M. François Perrier, eft le feul, qu'ait laiffé Nicolas Périer, avec les Obfervations, dont je viens de parler.

Il mourut au mois de Septembre 1694. & de fon mariage avec N. Tribolet, il a laiffé deux fils ; Antoine, mort Tréforier de France en la Généralité de Bourgogne ; & Jacques, Sieur de Montrichard, Capitaine de Grenadiers au Régiment de la Chefnelaye.

Comme les Obfervations de N. Périer fur notre Coutume font judicieufes, & fondées fur la Jurifprudence des Arrêts de la Cour, elles méritent fort d'être lües, & font regretter que l'Auteur n'en ait pas donné davantage. Elles ont été réimprimées avec les Obfervations de M. François Bretagne, Confeiller au Parlement, fur notre Coutume. A Dijon, chez Augé, en 1736. *in* 4º. & rangées fous les Articles, aufquelles elles fe raportent.

ANNE-JOSEPH D'AZINCOURT, & BLAIZE PARISE.

C'Eft pour ne rien ômettre, que je fais ici mention de ces deux Avocats du Parlement de Dijon, lefquels n'ont prefque rien écrit fur notre Droit Coutumier.

Nous devons au premier une petite Edition de notre Coutume, qu'il fit imprimer fous ce Titre :

Texte de la Coutume du Duché de Bourgogne, avec les Notes de Du Moulin, augmentées de quelques autres Notes, & du Réglement des Decrets fait en 1614. avec la conférence d'icelui à l'Edit de 1551. A la fin defquels font deux Tables très-amples, tant dudit Texte, que dudit Réglement ; avec le Réglement de 1675. pour lefdits Decrets. in 24. *à Dijon, chez A. Michard, 1677.*

ANNE-JOSEPH D'AZINCOURT ne mit pas fon nom à ce Livre. Mais on fçait, qu'il eft l'Auteur des petites Notes, qui s'y trouvent, tant fur le Texte de la Coutume, que fur le Réglement des Criées. C'eft auffi lui, qui a fait les Tables, dont la première comprend, non feulement les Articles de la Coutume, mais encore les Remarques de C. Du Moulin, J. Bégat, J. De Pringles, & J. A. De Chevanes. Et ce font ces Tables, qui font prefque tout le mérite de cette Edition.

A l'égard des Notes, elles furent réimprimées dans l'Edition de notre Coutume, qui parut à Dijon, chez J. Reffayre, 8º. en 1697. par les foins de M. l'Avocat Général Durand. Mais le nom de l'Auteur de ces Notes n'y paroit pas.

Il mourut en la même Ville le 16. Mars 1689. âgé feulement de quarante-cinq ans.

Dans la même Edition de 1697. on trouve d'autres Notes anonymes fur le Réglement des Criées. Elles font de BLAIZE PARISE, Avocat à la Cour, lequel mourut à Dijon le 18. Février 1705. âgé de foixante & dix ans.

PIERRE TAISAND.

CE dernier Commentateur de notre Coutume naquit à Dijon le 7. Janvier 1644. Il eut pour pere Jean Taifand, Confeiller au Bailliage de cette Ville, & pour mere Marguerite Vallot, fœur d'Antoine Vallot, fameux Avocat au Parlement. A l'âge de douze ans il fut envoyé au Collége des Jéfuites de Pont-à-Mouffon, où il fe diftingua parmi les jeunes gens de fon âge. Il alla enfuite étudier en Droit en l'Univerfité de Touloufe, & y demeura deux années. Il fut de là prendre fes degrez en celle d'Orléans à l'âge de dix-huit ans. Etant revenu en fa Patrie, il fut reçû Avocat au Parlement, & à vingt-un ans il y plaida la première Cause, le 5. Mars 1665. Ce Plaidoyé fut suivi de plusieurs autres, dont quelques-uns ont été inférez dans les Journaux du Palais.

En 1673. il fit un voyage à Paris. Cela lui donna occasion de paroitre au Barreau du premier Parlement de France, où il plaida plusieurs Causes, & se fit, dit-on, connoître à l'Illustre Premier Président de la Moignon, qui lui donna un libre accès en sa maison. Il forma aussi des liaisons d'amitié avec plusieurs personnes sçavantes ; sur tout avec la célèbre Mademoiselle de Scudery. Et pour montrer, qu'il n'en étoit pas indigne, avant que de partir de Paris, il y fit imprimer la même année un *Discours Académique sur la science du salut.*

S'étant marié peu de tems après, il s'attacha de plus en plus à la profession d'Avocat. Il s'y distingua de manière, qu'en 1674. M. d'Aligre, nommé à la Charge de Chancelier de France, lui fit l'honneur de le choisir, pour présenter ses Lettres au Parlement de Dijon. Le Discours, qu'il y prononça en présence de feu M. le Duc, Gouverneur de la Province, fut aplaudi des Auditeurs, & imprimé à Dijon, chez J. Ressayre, *in* 4°. Cela le fit encore choisir l'année suivante par le Comte de Roussillon, pour présenter au même Parlement ses Lettres Patentes de Lieutenant Général au Gouvernement de Bourgogne dans les Bailliages d'Autunois, Auxois, & Auxerrois, & il s'en aquita avec le même succès.

En 1678. il fit imprimer à Paris, chez Hélie Joslet, un petit Livre *in* 12. qu'il intitula : *Histoire du Droit Romain*, & dédia cet Ouvrage à M. Bossuet, alors Evêque de Condom, & Précepteur de M. le Dauphin. Il en est fait mention au Journal des Sçavans de la même année.

En 1680. se sentant la poitrine trop foible, pour continuer la profession d'Avocat, il se fit pourvoir d'une Charge de Trésorier de France en la Généralité de Bourgogne. Il ne perdit pas pour cela le goût, qu'il avoit pris pour la Jurisprudence. Au contraire, ayant plus de loisir, il forma le dessein de faire un nouveau Commentaire sur la Coutume de Bourgogne. Il y fut aidé par beaucoup de personnes, & sur tout par feu M. de Mucie, Président à Mortier au Parlement, qui lui communiqua non seulement les Arrêts, qu'il avoit vû rendre, depuis qu'il étoit entré au Palais, mais encore ceux, qui avoient été recüeillis par feu M. Philibert de la Mare son beaupere, ancien & judicieux Avocat. Ce Commentaire parut enfin, *in folio*, à Dijon, chez Jean Ressayre, en 1698. avec quantité de Vers faits à la loüange de l'Auteur.

On dit que n'étant pas content lui-même de cette Edition, il avoit d'abord songé à en donner une seconde. Mais la grande dévotion, où il se jetta sur la fin de ses jours, lui en fit aparemment perdre la pensée. Il ne fit plus imprimer, que quelques petits Livres de dévotion, qui parurent en 1708. & en 1711. chez De Fay, & chez Augé, Imprimeurs à Dijon, sous les Titres de *Prières du Pécheur pénitent*, & de *Discours Académiques sur la véritable, & la fausse humilité.*

Au commencement de l'année 1715. ayant fait présenter au feu Roi Loüis XIV. quelques Ouvrages manuscrits, qu'il avoit composez en l'honneur de son Auguste Famille, ce Grand Prince les reçut avec bonté, & en récompensa l'Auteur par un beau Médaillon d'or, où il étoit répresenté, avec ces mots :

Ludovicus Rex Christianissimus ; & sur le revers les quatre Princes ses Fils, & Petitsfils, avec cette légende : *Felicitas Domûs Augustæ*. Mais M. Taisand n'eut pas la satisfaction de le voir, étant mort à Dijon le 11. Mars de la même année, avant l'arrivée de cette Médaille.

De son mariage avec Dame N. Du Bois il avoit eu douze enfans, dont dix sont morts avant lui sans postérité. Les deux autres ont embrassé l'état Religieux, l'un desquels est Dom Claude Taisand, Religieux de Cîteaux, auquel il a laissé sa Bibliothéque, & ses Ouvrages manuscrits. Ce fils a fait imprimer l'Eloge de son pere, sous ce Titre : *Vie de Mr. Taisand, Trésorier de France en la Généralité de Bourgogne & Bresse. A Dijon, chez Arnauld-Jean-Baptiste Augé,* 1715. 4°.

On y voit une longue liste d'Ouvrages, que M. Pierre Taisand avoit eu dessein de donner au Public. Mais comme il y en a eu plusieurs peu importans, ou qui paroissent n'avoir été qu'ébauchez, je ne raporterai que les suivans.

Questions du Droit Canonique, décidées par des Edits & Déclarations du Roi, des Arrêts du Conseil d'Etat, des Parlemens, & du Grand Conseil.

Questions du Droit Civil, Canonique, Coutumier, & François, décidées par des Arrêts du Parlement de Dijon, anciens, & nouveaux, divisez en plusieurs Centuries, suivant l'ordre des tems, où ils ont été rendus.

Traité des Criées, & Decrets, contenant des Remarques, &c. à l'usage de la Bourgogne.

Les Vies des plus célèbres Jurisconsultes, tant anciens, que modernes, tirées des meilleurs Auteurs, qui en ont écrit, mises par ordre alphabétique, au nombre de plus de cinq cent. Ces Vies ont été imprimées à Paris, chez Sévestre, 4°. & encore une seconde fois chez Praust, en 1737. dans la même forme, avec des Additions d'un Anonyme.

Son Commentaire sur la Coutume de Bourgogne n'a pas eu tout le succès, qu'il en atendoit. Ce n'est pas que cet Auteur n'ait été fort loüable, d'entreprendre d'éclaircir les Loix particuliéres de son Pays, qui sont assez obscures en plusieurs endroits. Mais pour un Ouvrage de cette nature, il falloit un homme plus consommé dans le Barreau, plus versé dans les Consultations, & qui eût un peu plus foüillé dans les sources de nôtre Droit municipal. Peut-être eût-il acquis une partie de ces avantages, s'il avoit fait plus longtems la profession d'Avocat. Mais il lui en manquoit encore plusieurs autres, sans lesquels il n'est guére possible d'ateindre à la perfection.

Il est vrai que M. le Chancelier lui donna pour Examinateurs feus MM. François-Claude Jehannin, & Gabriël Guillaume-Morisot, deux des plus illustres Avocats, qui ayent été en ce Parlement. Mais la peine, qu'ils prirent de revoir cet Ouvrage, ni le soin, qu'ils se donnérent d'en retrancher plusieurs choses, n'ont pas empêché, qu'il n'y en soit resté beaucoup d'autres, qui devoient avoir le même sort. D'ailleurs le principal défaut de ce Commentaire, c'est que les matiéres n'y sont pas assez aprofondies. Or ce défaut ne pouvoit être corrigé par les deux sçavans Réviseurs, qu'en refondant eux-mêmes tout l'Ouvrage. En quoi ils auroient certainement pû rendre un grand service à leur Patrie, si les affaires, dont ils étoient accablez, leur en eussent laissé le loisir.

TABLE

DES VIES DES COMMENTATEURS
DE LA COUTUME.

Pierre Bonséal, Jean Thierry, & Celse-Hugues Descousu.   pag. j
Barthelemi de Chasseneuz.   v
Jean Bégat.   xij
Claude de Rubys.   xvij
Philipes de Villers.   xviij
Jean De Pringles, & Nicolas Canat.   ibid.
Job Bouvot.   xx
Bernard, & Joseph Durand.   xxj
Bernard Martin.   xxij
François Bretagne.   ibid.
Philibert de la Mare.   xxiij
François-Claude Jehannin.   ibid.
Jean Guillaume.   xxiv
Jacques-Auguste de Chevanes.   xxvj
Nicolas Pérer.   xxvij
Anne-Joseph d'Azincourt, & Blaise Parise.   ibid.
Pierre Taisand.   ibid.